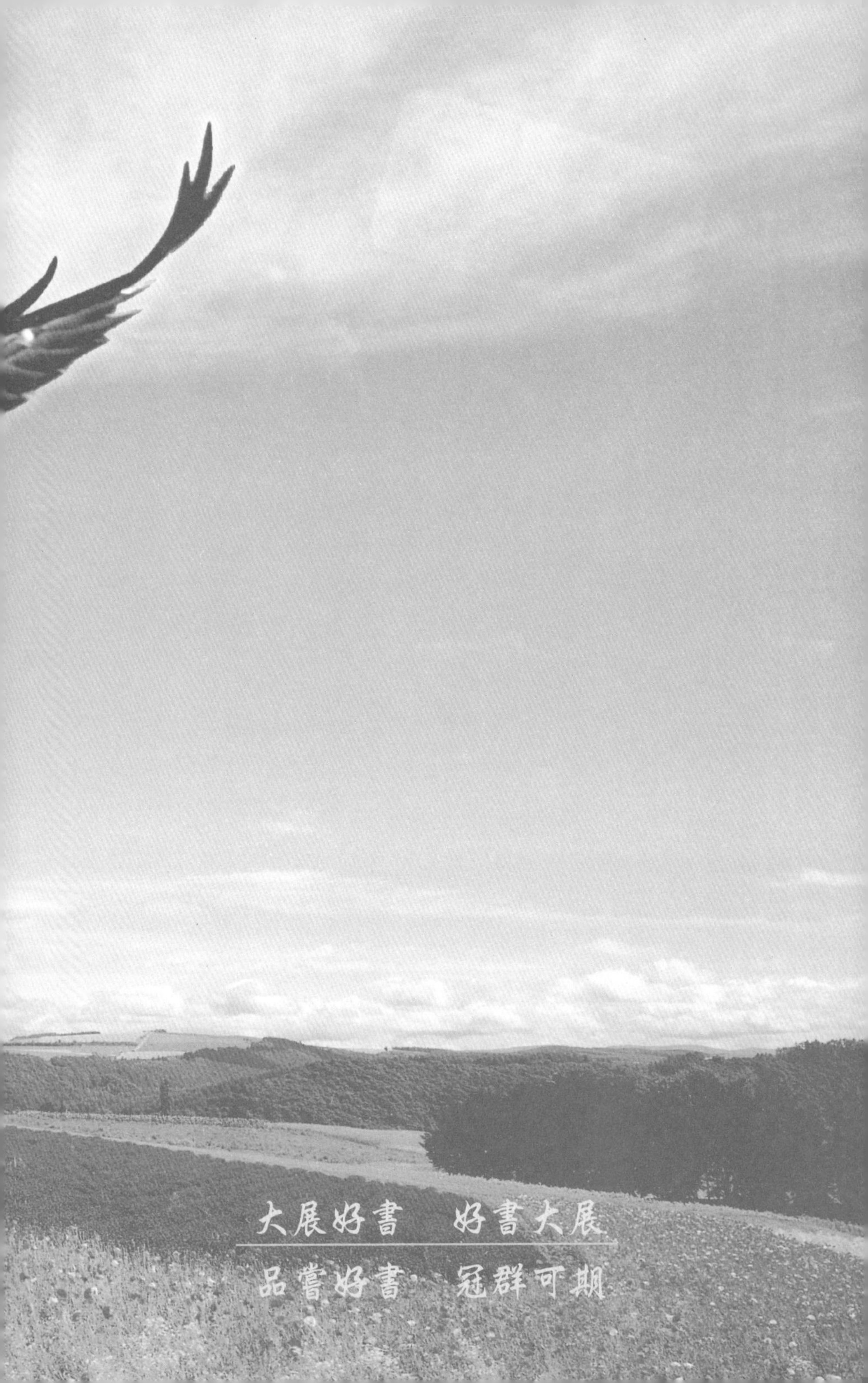
大展好書　好書大展
品嘗好書　冠群可期

大展好書　好書大展
品嘗好書　冠群可期

徐震文叢：4

太極拳考信錄

徐震著

大展出版社有限公司

序

徐震，字哲東（一八九八年一月—一九六七年十月），江蘇常州人，國學大家章太炎先生之弟子。歷任光華大學、中央大學、國學專修館、武漢大學、暨南大學、安徽大學、滬光大學中文系教授；常州中學校長。新中國成立後任教於西北民族學院中文系，兼任甘肅省和蘭州市武術協會副主席。

徐震先生除研究經史、駢文、辭賦、詩詞外，還致力探索各派武術。一九一九年從于振聲、馬錦標學查拳，一九二二年從周秀峰學太極拳和形意拳，後來又從杜心武學自然門拳法，從楊少侯學楊派太極小架。新中國成立後從田作霖學通臂拳。一九三一年在南京任中央大學教授時，經張士一先生介紹拜武派太極拳名家郝月如先生為師，專心從學，潛心研究，終

得郝氏真傳。

徐先生融合所學拳技，以楊派太極拳鬆筋骨，以武派太極拳實內勁，參以杜心五之走圈步法及其他拳術之妙著，形成自己的練功教學和技擊體系。他博學多聞，認為「非博聞廣見，通曉各派，則不足以宣導。」鑒於武術界附會之誤甚多，遂致力於太極拳和其他武術史論的研究，著作等身。

已出版的有《國技論略》、《太極拳考信錄》、《太極拳譜理董辨偽合編》、《太極拳發微》、《萇氏武技書》等。

未出版的有《太極拳源流》、《太極拳譜匯抄》、《太極拳譜箋》、《太極拳新論》、《武郝系太極拳述論》、《王宗岳太極拳論闡明的技擊綱領》、《形意習錄》、《形意拳新論》、《八卦拳述論》和《少林史實考》等。

「文化大革命」中，徐氏遭受衝擊，著作及蒐集之武術資料大都散失。後患中風症，由學生馬國瑤等護送回常州故里，一九六七年十月逝世，終年七十歲。

徐先生是我國早期太極拳著名史論家，其著作學術價值很高，可惜有的未能出版，已出版的大陸也未再版。因係大學教授，不以教拳為生，跟他學拳的大都是在校學生和同事，如武漢的鄭正之、上海的林子清、蘭州的馬國瑤等。

《太極拳考信錄》是徐震先生研究太極拳史的代表作。他在《自序》中說：「計其搜討所自始，逾十載矣！」張士一在《序》中也說徐氏「博考周證，成此專書。」可知非應時草率之作。

一九三七年四月由正中書局出版面世，暢銷一時。後因抗戰軍興，未能再版。一九六五年七月臺灣真善美出版社將此書與徐氏另一力作《太極拳譜理董辨偽合編》重印發行。洪茂中在《緣起》中說：此二書「可使研究太極拳（者）對於太極拳的史實及拳譜有一正確的認識」。一九八〇年

香港東亞圖書公司亦曾重印出版。

《太極拳考信錄》分上、中、下三卷，上中兩卷以考證太極拳史實為主，下卷以拳譜資料為主。今分別做些介紹。

上卷篇目計有：

第一，太極拳史實根據

徐氏說：「考訂之學，尤重取證；取證不確，其所考者，自難徵信。」透過史料分析，指出太極拳出自張三峰、韓拱月、許宣平、李道子、殷利亨諸說「羌無故實，其為偽託，不待深辨」。唐豪稱太極拳創自陳王廷，「亦未儘是」。

第二，李亦畬遺著說

文中詳述武禹襄家世；楊祿禪之身世與武氏弟兄之友誼；王宗岳《太

極拳譜》為武澄清得自舞陽縣鹽店。

第三，太極拳自王宗岳傳陳溝證

作者根據李亦畬《太極拳小序》及陳溝不同版本的《打手歌》，從而說明陳氏之學得自王宗岳。

第四，太極拳不始於陳家溝證

徐氏依據李亦畬《太極拳小序》、郝月如口述資料以及戚繼光《拳經》、《陳卜墓誌》、陳鑫《太極拳圖說・自序》等，說明太極拳並非陳王廷所創，唐豪定陳王廷為太極拳創始人之依據缺乏權威性。徐氏還根據史料指出陳溝之拳早期不叫太極拳。

第五，太極拳與長拳十三勢合一說

作者稱：「欲知陳溝之拳初不名太極拳，只就拳譜中太極（拳）一名長拳，一名十三勢數言，可以證知。」「在陳溝拳術歌訣中，除《打手歌》有掤攦捺按四字外，其餘歌訣文辭中，未見以採挒肘靠連言。」「陳氏所得於王宗岳者，蓋僅為拳術運用之理法。」「王宗岳之太極拳其理法統於掤攦擠按、採挒肘靠、進退顧盼定十三字中，故陳氏又名十三勢矣。」

陳溝拳架名稱與戚繼光《拳經》所載長拳頗多相同，故仍名長拳。

第六，太極拳譜檢討

作者將所見太極拳譜分為三類：第一，出於後人偽託者，如許宣平、俞氏、程泌之、宋唯一等拳譜「所述師授淵源，皆荒渺無稽」。第二，出於陳氏者，除《打手歌》外，皆拳架之名目及拳架歌訣。第三，出於王宗岳者，即楊、武兩派所用之拳譜。

第七，楊武兩家拳譜之異同

除說明楊派太極拳譜得自武氏之外，著重介紹他所見到的三種不同版本的武派太極拳譜：

第一，李亦畬手寫本；第二，郝氏抄錄本（文翰按：為郝為真第三子郝硯耕先生輯錄李亦畬手寫本未收錄之佚文，多見於郝氏抄錄本）；第三，李槐蔭重編本（文翰按：即一九三五年四月太原出版之《李氏太極拳譜》）。並一一考訂出每篇拳論作者之姓氏。

對當時流行的十三部不同版本的楊派太極拳譜作了比較，結果「內容亦不一致」。徐氏又據龔潤田本、陳微明本、吳鑒泉本、李先五本與李亦畬手寫本、郝氏抄錄本相互校對，探索出太極拳譜內容的遞變過程，並做

出緒論。

第八，王宗岳舊譜鉤沉

取楊、武兩派太極拳譜予以校比，徐氏總結出王宗岳舊譜的篇目是：《太極拳論》、《十三勢行功歌訣》、《打手要言》和《打手歌》。他說：「觀原譜相次皆有用意，先總論體用，故首《太極拳論》。次明運用之法，故繼之以《十三勢行功歌訣》。（再）次明應變之機，故繼之以《打手要言》。（更）次推應變之機，以明應變之規，故繼之以《打手歌》。文義銜接，一氣貫串，于此可見原譜之精簡。」

第九，廠本《王宗岳太極拳經》辨

徐氏依據有關資料，認為唐豪先生在北平廠肆所得《太極拳譜・合抄本》「絕非王宗岳手定，亦不出於王氏嫡派學者之手……為後人所抄合……不能證明王宗岳學於陳家溝，太極拳創自陳王廷。」

第十，總挈要領

本篇結論云：

1.太極拳之演變

陳王廷創武術於陳家溝，所遺留之拳為長拳和炮捶，不名太極拳。到乾隆時，陳溝得王宗岳之傳，始竟習太極拳。王宗岳所傳為掤攦擠按、採挒肘靠、進退顧盼定，其運用重在練習打手。楊祿禪得陳長興之傳，武禹襄得陳清平之傳。武禹襄傳李亦畬，李亦畬傳郝為真，為真傳人甚多。今太極拳之傳授，不出於楊，則出於陳與武，其他「依託附會者，皆無徵不信」。

2.太極拳譜之遞變

陳氏舊譜多為歌訣，罕涉理法。王宗岳拳論原譜只有五篇。武澄清得

王譜於舞陽鹽店，轉授胞弟禹襄。禹襄初（作）僅益以歌解十條，後連綴成篇……均續以王語，載李亦畬手寫本。此拳譜遞變之大要。其他各本又多歌訣等文，「不獨非王氏之舊（原文），且非武（禹襄）、李（亦畬）之舊（原文）矣！」

《太極拳考信錄》中卷，主要篇目是：

第十一，太極拳依據張三豐考

作者依據陳氏歌訣、武氏拳譜，認為自陳氏到武禹襄、李亦畬都沒有太極拳源於張三豐的記載。「至楊氏拳譜中乃有之，此明明為楊氏之徒所加」。他說，《聊齋志異》武技篇後附有清初大詩人王漁洋的一段話，稱武當張三豐為內家。三峰之後有關中人王宗，「《聊齋志異》雅俗共賞，當為楊氏之徒附會之根據也。」

第十二，陳溝拳術演變說

陳溝之拳有長拳、短打、炮捶、紅拳等等，陳王廷時對這些拳技可能有所增刪。如戚繼光長拳只三十二式，而陳溝長拳為一百單八式，比原有拳式增加許多，可能為王廷所加，故曰「造拳」。王廷雖改拳式，名稱依舊，仍名長拳，而太極拳之名，始於王宗岳，與陳王廷無關。

第十三，十三勢說辨異

陳氏舊抄本中載：「太極拳一名頭套捶，一名十三勢，即十三折。」說太極拳走架時，「一來一往都為十三折也」。這一說法與王宗岳《太極拳譜》中對長拳和十三勢的闡述不同，因陳氏沒有看過王宗岳拳譜，故以十三折代替十三勢，實為「臆度之解」。

第十四，馬同文本《太極拳譜》說

取馬同文抄自其姨文李亦畬早期寫的《太極拳譜》與李亦畬手書之「老三本」以及楊氏太極拳譜一一較比，知馬同文所抄為武禹襄「初定本」。

第十五，萇乃周與王宗岳關係考

萇乃周（一七二四—一七八三），字洛臣，號純誠，河南汜水（滎陽）人。乾隆時貢生。著《周易講義》，名重一時。乃周習文之餘，深研武技，著述甚多，為當時著名之「儒拳師」。萇氏拳論與太極拳論多相符合。徐震先生認為萇氏拳論「雖然不如王宗岳《太極拳論》之簡賅，而理法亦多相合」，原因是萇氏之師閻聖道是洛陽人，王宗岳曾在洛陽設帳教書，閻聖道可能得到王宗岳的傳授，轉授予萇乃周。

第十六，蔣僕蔣發考

徐氏根據楊祿禪口述資料，王宗岳傳蔣發，蔣發傳陳長興，「與陳鑫所言乾隆年間，有一蔣把式（即拳師），其時正合」，與陳溝傳說陳王廷有一蔣姓僕人，不是一人。同時，引用一九三四年《北京實報》所載《王矯宇訪問記》，以證王宗岳傳拳於蔣發，蔣又傳拳於陳溝。

第十七，李亦畬《太極拳小序》說

徐氏據李亦畬《太極拳小序》和永年老輩拳家口述資料，知永年太和堂藥店的東家是陳溝巨室，楊祿禪到陳溝為僕，得以從陳長興學藝。祿禪回永年後，結識武禹襄昆仲，武氏得以知其拳技大略。後來武禹襄又到趙堡鎮問藝陳清平，並於舞陽鹽店獲王宗岳《太極拳譜》，武禹襄與楊祿禪各自創出不同風格的太極拳，開啟楊、武兩派太極拳之肇始。

第十八，正杜、武之誤

陳鑫《太極拳圖說》一書的後面附有杜育萬補入的《歌訣》，是據武禹襄的拳論所改。武禹襄之孫武萊緒於一九三四年寫的《先王父廉泉府君行略》中說，太極拳傳自張三豐，與李亦畬《太極拳小序》中說「太極拳不知始自何人」不符。後於李亦畬數十年的武萊緒是「不求其端，不求其實，於流俗盛傳之語，直襲用而不疑矣！」徐氏總結指出：杜育萬所補歌訣、武萊緒說太極拳傳自張三豐，均謬於事實，故為之辯證。

第十九，答難

徐氏本諸「考驗必徵之以事，稽決必揆之以理，苟事協而理得，則雖所見不同者之言，吾有取焉」之宗旨，解答有關太極拳的一些疑問。主要答疑有：

1. 楊祿禪家本寒微，如專為習拳而去陳溝滯留十餘年之久，在此期間他以何為生？楊做僮僕而去陳溝，才得以習拳，是多數人認同的事實。

2. 太極拳源於王宗岳，《太極拳論》為王所作。陳氏拳譜多言拳架，即言理法，語亦粗澀。王宗岳拳譜，多言理法，文詞條達。陳王廷沒有說過太極拳是他創編，陳氏家譜舊注也沒有太極拳是陳王廷創編的記載。

3. 陳溝長拳歌訣，名稱與戚繼光長拳，復多相合，可證「長拳」一名由來較早。陳溝起初還沒有太極拳的名稱。如與楊、武兩派太極拳勢校勘，陳溝長拳歌訣內容與楊、武兩派多不相同，可證長拳不是太極拳。王宗岳的《太極拳論》、《十三勢歌》，一言其體，一言其用，才是太極拳。

《太極拳考信錄》下卷多為陳、武、楊三家拳譜的摘錄和徐氏的評語，讀者如果沒有看到過這些拳譜，不容易弄清楚它們的異同和演變。建議有志研究太極拳史的研究者，最好先讀各家拳譜，再讀徐震先生本卷較

好。

《太極拳考信錄》附《後序》和《答張君書》各一篇。《後序》依據《陰符槍譜》、《陳溝槍譜》以及王宗岳拳論與陳溝舊有拳歌比較，認為「王宗岳授陳家槍拳，皆為理法，而非架勢。」

《答張君書》是徐震答覆張士一先生的信。張士一名諤，字士一，一八八六年三月三日生於江蘇省吳江縣盛澤鎮，一九六九年四月二日在南京逝世。他是我國早期著名的英語教授，著述甚多。在中央大學任教期間，曾學太極拳於郝月如先生。張先生就陳清平學於陳有本還是張炎，郝為真先生傳人狀況，武氏一系太極拳為何亦稱郝派太極拳，王宗岳《太極拳譜》中哪篇為王氏之作、哪篇非王氏之作，等等質疑徐震，徐先生在回信中一一作了解釋。

吳文翰

導讀

《太極拳考信錄》是繼《太極拳譜理董辨偽合編》之後的太極拳考證著作（兩書同時出版，寫作時間上略有先後）。全書分上、中、下三卷。上卷有文十篇，為本論；中卷有文九篇，為輔論；下卷有文八篇，為陳、楊、武三家拳譜的彙集，可資取證，故名文徵。書前張士一先生的序文稱此書「能以其治學之精神與方法，博考周證，成此專書。其實事求是，不肯以耳為目也。始終一貫，如是如是。」

徐先生在《自序》中說：「拳技中附會之說尤多者，莫若太極，予初未深求，則據一家之說，述而錄之。」徐先生這話是指在一九二八年成書、一九二九年出版的《國技論略》的《近師第四》篇中引用了許禹生的《太極拳勢圖解》中的說法，說太極拳創自武當丹士張三峰。然而徐先生

在《類別第七》篇中指出，「然據黃百家《王片南傳》之注，備言征南所援之拳勢，以考今之太極拳，形式似不甚合。」

後來徐先生看到的太極拳家的舊籍更多，一九三一年在郝月如老師處看到《李亦畬手寫本太極拳譜》，乃否定張三峰創太極拳之說。一九三六年十月寫的序中說，搜討太極拳史的資料費時逾十載。足見此書是徐先生的心血結晶，值得細讀。

第一，太極拳史實之根據

徐先生認為，「考訂之學，尤重取證。取證不確，其所考者，自難徵信。」對太極拳出於韓拱月、許宣平等人之說，徐先生認為沒有歷史根據，是偽託的。對張三峰創太極拳之說，徐先生認為唐豪先生已辨明其非，但不同意陳王廷創太極拳之說。徐先生取證的文籍是陳、楊、武三家拳譜，再參以郝月如先生的口說。

第二，李亦畬遺著說

徐先生十分重視李亦畬的遺著。李氏拳譜中於打手要言各章後，有「禹襄武氏並識」數字，由此可見譜中有武氏之文，不盡出於王宗岳。李亦畬《跋》說：「此譜得於舞陽縣鹽店。」可見此譜是由武氏發現的，因為武河清（禹襄）之兄武澄清（字秋瀛）曾做過舞陽縣知縣。楊露蟬（今多作楊祿禪）與武禹襄友善，故武氏所得之拳譜，楊氏也有。這說明楊取於武，而不是武取於楊。如果說武取於楊，那李亦畬為什麼說，此譜得於舞陽縣鹽店呢？如果說楊氏拳譜得於陳家溝，那麼為什麼陳家溝至今無此拳譜呢？況且楊氏拳譜中除王宗岳之作外，還有武氏附入之文，這尤其是楊得於武的確證。

李亦畬在《太極拳小序》中說：「太極拳不知始自何人……後傳至陳家溝陳姓。」這是太極拳不出於張三峰和王傳陳的顯證。即使前此李亦畬

一八六七年的初稿抄本有「太極拳始自宋張三豐」之說，但他在一八八〇年和一八八一年的兩個抄本中已改作「太極拳不知始自何人」，自己糾正了前說之無據。這一重大改變說明了李亦畬先生不媚俗的高尚品質。李氏拳譜的價值就在於實事求是，很樸素。顧留馨先生說：「近代太極拳的傳佈，以楊氏祖孫三代對教材教法不斷創新之力為多，而於拳理的鑽研總結，首推武、李，較之王宗岳《太極拳論》之抽象性的概括，遠為切實，有繼承、有發展，乃能自成一家。」對李氏拳譜作出了公正的評價。

第三，太極拳自王宗岳傳陳家溝證

陳氏舊有拳譜，唯《打手歌》六句與《拳經總歌》言及理法，其餘只有拳架名目及拳架歌訣。然打手歌在陳氏書中，又不一致。以此觀之，則陳氏得於王氏可知，因為王氏筆之於書，陳氏初只傳其口訣，楊、武兩家則譜中六句無異致。徐先生的說法有一定的道理。但陳氏的《拳經總歌》

「縱放屈伸人莫在，諸靠纏繞我皆依……」中已經含有打手歌的因素，不能完全否定陳氏有打手歌。

第四，太極拳不始於陳溝

郝月如先生說：「陳氏所傳者，本為炮捶，非太極也。」郝先生又說：「武秋瀛官舞陽縣時，聞鹽店有王宗岳拳譜，求索得之。」陳氏子孫，於其祖先之事，亦各以意推測。就長拳十三勢炮捶，與戚氏拳經圖勢色名歌訣相同諸點觀之，足證太極拳脫胎於拳經。陳氏舊譜（謂乾隆時修者）只言王廷造拳，不言所造者為太極，正可證王廷所造並非太極。

陳氏弟子萬文德說：「陳氏第九代陳王廷吸取戚繼光《拳經》中的拳式，創造一〇八式通背長拳，當時還沒有太極拳。到了陳氏第十四代陳長興，已經成為太極拳的宗師了。」（參看《上海武術》，二〇〇五年第二期第三十二頁）足見徐先生的話有道理。

第五，太極拳與長拳十三勢合一說

陳氏所得於王宗岳者，蓋僅為拳術運用之理法。王宗岳因陳氏自有拳架，所以只就其本有之拳架，去其不合，刪其繁重，有加有改。所以陳氏的太極拳，其拳架仍自舊有者化出，名目也多從舊。王宗岳之太極，其理法統於掤擴擠按採挒肘靠進退顧盼定十三字中，所以陳氏拳架又名叫十三勢了。徐先生的見解很有道理。

顧留馨先生在他所著的《太極拳術》中說：「因此，他把陳氏所創拳術，加以總結，使之理論化，形成《太極拳論》，名實相符，影響深遠。但在太極拳發源地溫縣陳家溝當時卻無王宗岳《太極拳論》的傳播。」（《太極拳術》，第三九六頁）顧先生的觀點和徐先生是接近的。

第六，太極拳譜檢討

太極拳譜可分三種：

其一，出於偽託的，如許宣平的《太極拳歌訣》，俞氏的《先天拳歌訣》，程珌的《用功五志》、《四性歸原歌》，宋唯一的《武當劍太極信卦歸一譜》，皆屬此類。此等拳譜，所述師授淵源，皆荒謬無稽，《太極拳譜辨偽》已辨明。

其二，出於陳氏的，只有《打手歌》六句說運用的理法，其他都是拳架的名目和歌訣。

其三，出於王宗岳的，即楊、武兩派所用的拳譜。

第七，楊、武兩家拳譜異同

武氏既有武秋瀛官舞陽縣之事，李亦畬《太極拳譜跋》又有得於舞陽

鹽店之文，則此譜由武氏發現，絕無疑義。楊、武既相契好，陳家溝又無此譜，其譜取諸武氏，亦絕無疑義。然則兩家之譜何以不同，則必楊氏所傳者據禹襄之初定本；郝氏所藏者，乃禹襄後來所定本，其間或經亦畬有所竄益。徐先生列舉他所看到的三種武、李本拳譜的篇次，比較它們的異同。他認為，《各勢白話歌》為李亦畬所作，其實是李亦畬之弟李啟軒作（根據吳文翰和姚繼祖的著作）。

楊氏本流傳於外最早，然各種楊氏太極拳譜，內容也不一致，或傳者各以意竄改，或轉錄致誤。近日校訂太極拳譜者，有唐豪所作王宗岳《太極拳經》，其參考之書，計有十四部，其中唯馬同文本出於武氏，餘皆出自楊派。徐先生從十三種楊氏拳譜中選出最有代表性的四種，比較它們的異同。

讀者細讀本篇可以知道太極拳譜內容的遞變過程，徐先生在太極拳譜上傾注的心血令人敬佩。

第八，王宗岳舊譜鉤沉

要考訂王宗岳原本太極拳譜，只要看李氏寫本的目錄及篇次，即可探索得之。李氏寫本第一篇題為《山右王宗岳太極拳論》，此論於舊譜亦必為第一篇，所以將作者籍貫和姓名寫出。《十三勢》一篇必為舊譜第二篇，《十三勢行工歌訣》為原譜第三篇，《打手要言》為原譜第四篇，《打手歌》為原譜第五篇。

觀原譜相次皆有用意。先總論體用，故首《太極拳論》；次明運用之法，故繼之以《十三勢行工歌訣》；次明應變之機，故繼之以《打手要言》；次推應變之機，以明應變之規，故繼之以《打手歌》，文義銜接，一氣貫串。由此可見原譜之精簡。

各家之譜所以雜亂無章，是因為舊文與附益之作混淆不分的緣故。少數楊門弟子把偽造的歌訣作為《太極拳論》的綱，這是以假亂真。

第九，廠本《王宗岳太極拳經》辨

唐豪先生在北平廠肆（北平琉璃廠街市的書店）得到陰符槍譜和太極拳譜合抄本，唐先生認為陰符槍總訣中的剛柔虛實、進退動靜、陰陽粘隨，和太極拳理論吻合。槍譜作者是山右王先生，槍譜拳譜合抄一處，理論文采又復相合，因此斷定山右王先生就是山右王宗岳。又因為合抄本中尚有春秋刀殘譜一種，其刀法現尚為陳溝傳習，因此認為王宗岳向陳王廷學太極拳法。

徐先生認為抄本並非王宗岳所手定（因為拳譜中有武禹襄的手筆），不能據此斷定王宗岳曾習武於陳家溝。

吳文翰先生得到另一種手抄本《陰符槍譜》，作者是山右太谷王宗岳（參看《武魂》，二〇〇五年第八期）。雖然作者在《自序》後署的年代更早，但似可作為王先生即王宗岳的一個旁證。

第十，總挈要義

徐先生對前面九篇實事求是的論證加以總結。

1. 拳術的演變

陳王廷所創之拳為長拳炮捶，不名太極。至乾隆時，王宗岳刪改陳溝之長拳而為太極拳架。其後陳溝復有新架、老架之分。楊露蟬從陳長興學來的是老架，武禹襄從陳清平學來的是新架。今太極之傳，不出於楊，則出於陳與武。其他依託附會者，皆無徵不信。說太極拳出於張三峰，是楊氏傳人所附益。太極拳之傳，自王宗岳以上不可考。當代太極拳家李英昂先生完全同意徐先生的看法（參看《武魂》，二〇〇五年第九期，第三六～三七頁，吳文翰先生的文章）。

2. 拳譜之遞變

陳氏舊譜，多為歌訣，罕涉理法。王宗岳原譜只有五篇（《太極拳

論》、《十三勢》、《十三勢歌》、《打手要言》、《打手歌》），武禹襄之兄得此譜於舞陽縣鹽店，轉授其弟。禹襄得此譜後初僅益以歌解十條，後連綴成篇。……其後武氏又有改動，或李亦畬有所竄益，此即李亦畬手寫本。其他各本又多歌訣等文，則竄入愈後。徐先生論證周密，結論準確。細讀此書，當能知道它的學術價值。

本論已經把太極拳的來龍去脈講清楚了，但徐先生還不放心，對幾個重點問題給予更加詳細的論述，這就是中卷（輔論）的內容。

第十一，太極拳依託張三豐

《聊齋志異・武技篇》後王漁洋識語，「有武當山張三豐為內家，三豐之後有關中人王宗……」習楊派者遂附會之，所以楊氏拳譜中皆有源於張三豐之注。筆者在《太極拳譜辨偽導讀》中已引用了大量資料，說明張三豐不是太極拳的創始人，這裏不再重複。

鐘國華的《小議「武當武術」》一文說：「……據不完全統計，以張三豐為祖師的有一百多個門派，五百多種套路……」（參看《武魂》，二○○四年第五期，第三十頁）荒誕無稽之說再也不能聽之任之了。

第十二，陳溝拳術演變說

陳氏拳術，如長拳、短打、紅拳、炮捶等名目都有所遵循，足見王廷所受之拳法，雖改其拳路，不改其舊名。此等名目，皆通俗而質直，其意味亦復相類。太極一名，獨不類。太極拳與陰符槍，其名皆古雅而玄妙。陰符槍之名即起於王宗岳，太極拳之名，或亦起於王宗岳。於此可證王廷所造者，絕不名太極。

第十三，十三勢說辨疑

陳氏舊抄本中有一種說法：太極拳一名頭套捶，一名十三勢，即十三

折，也就是十三摺。太極拳只可稱為十三勢，十三折或十三摺的稱呼不確。

第十四，馬同文本太極拳譜說

上卷第七篇已說明馬同文與李香遠同從學於郝為真，故馬同文太極拳譜為武氏本。將此本與李亦畬手書的「老三本」以及楊氏太極拳譜進行比較，可知楊譜和馬譜皆為武禹襄初定本。

第十五，萇乃周與王宗岳關係考

萇氏書中槍法與陰符槍理法，頗有合處。其書中論拳之語，雖然不像王宗岳《太極拳論》那樣簡明扼要，可是理法也多相合。萇氏曾向河南府洛陽縣閻聖道請教，而王宗岳則曾在洛陽教過書。閻聖道可能得到王宗岳的傳授，再轉授萇乃周。

第十六，蔣僕蔣發考

陳子明認為，陳王廷像中侍立在王廷身後的蔣姓僕就是蔣發。陳金鉚說蔣發即蔣把拾（把式），不是蔣僕。據楊氏所傳說，王宗岳傳蔣發，蔣發傳陳長興。與陳鑫所言乾隆年間有一個蔣把拾，其時正合。徐先生引用了一九三四年夏北平《實報》所載《王矯宇訪問記》，證明王宗岳傳蔣發，蔣發傳陳長興。

第十七，李亦畬太極拳小序說

溫縣陳氏有太和堂藥店在廣平，在廣平購有兩僮，楊露蟬就是其中一個，因此來到陳家溝。陳氏請族人陳長興做武術教師。露蟬久侍長興，得窺授受。長興喜其敏，悉心傳授，並請主人贈銀五十兩遣歸。露蟬居永年，住在太和堂。太和堂主人武禹襄兄弟三人，皆好拳技，遂與露蟬結

交，並且想到陳家溝去向陳長興求教。路經趙堡鎮，向陳清平學習陳氏新架（陳長興為老架）月餘。

第十八，正杜、武之誤

陳鑫所著《太極拳圖說》，末附杜育萬補入歌訣一篇，所說的蔣發受山西師傳的事，就是指武禹襄所撰「一舉動周身俱要輕靈……」這篇文章，不過將這文章分為四節，每節上面加一句七言歌訣。徐先生曾問過陳子明，子明說：「此楊氏之學大行，學者轉襲彼說，又附益之，非陳氏所本有……」《楊氏太極拳真傳》作者說：「《趙》本拳經的釋文與歌訣分句對應，最為規範。應是原始格式。」（《真傳》，第二四七頁）這個所謂原始格式是偽造的，理由是：其一，「舉步周身要輕靈……」是十九世紀武禹襄的作品，怎麼會出現在十八世紀的所謂乾隆（一七三六－一七九五）的抄本裏呢？這個抄本顯然是偽造的。其二，《精武》二〇〇〇年第五期上刊登的《太極秘術》中有《太極拳訣》，其內容為：

太極拳訣

筋骨要鬆，皮毛要攻，節節貫串，虛靈在中。

一舉動，周身俱要輕靈，尤須貫串。氣宜鼓蕩，神宜內斂。……周身節節貫串，無令絲毫間斷耳。

前面沒有「舉步輕靈神內斂，莫教斷續一氣研……」的歌訣。足見這歌訣是杜育萬加上去的，是假的。《真傳》作者說它最為規範，其實是作偽的壞樣。

《廉讓堂本太極拳譜》附錄第一篇是《武禹襄先生行略》，此文是一九三四年禹襄孫萊緒所作。文中說太極拳自武當張三豐後，雖善者代不乏人，可是除山右王宗岳著有論說外，其餘率皆口傳，鮮有著作。先王

父（祖父死後稱王父）著有《太極拳解》、《十三總勢說略》、《四字訣》。徐先生認為，萊緒說禹襄著《太極拳解》、《十三總勢說略》則是說傳自張三豐，則與李亦畬的說法背道而馳。萊緒此文作於近年，當楊派太極盛行之後，是不求其端，不考其實之作。

第十九，答難

《太極拳論》作於王宗岳，各家無異辭。鑒於太極拳之名與陰符槍命名之義相類，與長拳、炮捶等命名之義不相類，則太極拳出於王而不出於陳，這是第一證。陳氏拳譜，多言拳架；即言理法，語亦粗澀。王宗岳拳譜，專言理法，不涉拳架。打手歌陳家溝雖然也有，詞不一律，又或不全。論其文致，與王譜合，與陳氏歌訣不類，明是陳得於王，這是第二證。

筆者認為，關於打手歌的問題，唐豪先生的說法也有道理。陳家溝的

《打手歌》是由《拳經總歌》的頭二句「縱放屈伸人莫知，諸靠纏繞我皆依」發展成四句，再發展成六句，王宗岳則在此基礎上加以修訂。

下卷先講陳氏拳械譜一，其中包括幾種略有不同的四句打手歌和拳經總歌，還有各種拳架名目及刀槍套路的名目。陳氏拳械譜二中包括擠手練法，金剛十八拿法，單刀、雙刀名稱，雙劍、雙鐧名稱，還有四槍對紮、八槍對紮、十三槍名稱等，最後是春秋刀訣語。二十世紀五十年代初期筆者還在徐先生家裏看到《陳氏拳師傳》手稿，可惜在「文化大革命」中遺失了。

後序

徐先生認為，《文徵》中的拳經總歌，其文散漫多浮辭；王氏譜中打手歌，其文簡要不詞費。拳經總歌所言，雜以顯見於外的粗法；打手歌全用精微的察勁。至於王宗岳《太極拳論》之淵妙，復為陳氏舊譜所未有。

可見陳氏雖有得於王宗岳，猶未若王氏之精醇。徐先生所論甚是。但徐先生說打手歌非陳氏所本有，這種說法則欠妥。總之，王宗岳以其太極拳理法改造了陳家溝的拳架而產生了陳式太極拳，這一點顧留馨先生也是同意的。因此，唐豪先生和徐哲東先生的見解完全可以結合起來，他們都反對太極拳神授說，功不可沒。陳家溝的拳架也不是憑空造出來的，而是根據戚繼光的《拳經三十二勢》編出來的（戚氏《拳經三十二勢》被陳王廷吸收了二十九勢編入陳家拳套）。不但如此，陳氏的《拳經總歌》也是根據戚氏的《拳經》編出來的（參看唐豪先生的《太極拳的發展及其源流》一文）。

答張君書是徐先生對張士一先生所提問題的回答。兩位先生在學術問題上認真負責的態度令人感動。

林子清

二〇〇六年三月二日於上海

張序

太極拳源流真相，考證至難。緣舊時拳家，類多不習文字，僅恃口傳，此其一；故作奇辭，以示珍貴，此其二；競稱嫡派，依託偽造，此其三。有此三難，而徐君卒能以其治學之精神與方法，博考周證，成此專書，不可謂非國術史家之空前盛績也。

此書稿成，徐君即以示余並囑為序，余既快先睹，復慚不文。若言太極拳，余固不僅以考證知徐君者。

溯自民國十九年間，永年郝月如先生南來授藝之際，徐君適講授於中央大學，余與同事，獲知其於內外各派拳械，饒有素養。時余亦已習太極數年，雖師門屢易，而未能饜我所求。及師郝氏數月後，恍然於前此所學之不盡然也，乃再三慫慂徐君同師之。徐君曰：「拳技尚搏擊，余必實驗

而後可。」余曰：「善。」為請于月如先生，交手之下，果然嘆服，余遂以此得徐君為同學。

憶當時以余慫恿而師郝氏者，頗不乏人，然其能專心致志，同學達數年之久者，唯君一人而已。今君既得郝氏之技，復從而考證其說，其實事求是，不肯以耳為目也，始終一貫，如是如是。夫向之穿鑿附會，杜撰太極拳歷史者，固不足與言考證，其亦有對於流傳之說，心滋疑竇，不敢苟同，而又未能親自研推，揭以示人如余者，得此一帙，當無不歡欣讚賞，而備極寶貴之焉。

民國二十五年十一月二十八日，同學弟張士一拜序

自序

拳技中附會之說尤多者，莫若太極，予初未深求，則據一家之說，述而錄之。既而，交友稍廣，太極拳家之舊籍亦益出，知前說之不然也，乃採摭所見，疏記所聞，以俟緦理。時復以為應為之事尚多，此末事，何足勤其精神，採摭疏記，聊以寄與云爾，溺心於此，毋乃細之搜而遺其鉅耶？顧蓄積日充，棄之可惜，往歲，次為太極拳譜考異，因考拳譜之遞改，兼及流派之嬗變，猶未詳盡，故復緘置篋衍，重於宣佈。間者，翻閱舊稿，觸類得緒，凡諸疑滯，刃迎縷解，稽合同異，咸得會通，乃伏案五日，成茲一編，計其搜討所自始，逾十載矣。

自念志亢才疏，性不諧俗，發抒議論，徒托空言，誰為為之，孰令聽之，拙者之效，倘謂是耶。唯考訂拳技，猶得從吾所好，其諸君子，幸勿

以溺心小道為譏議也。如有許為善用其拙，是真吾之知己矣。

中華民國二十五年十月徐震書於復駕說齋

是書考證所資得諸
郝先生月如
陳君子明者為多特
識於此以表感紉

徐震

目錄

下卷 文徵

上卷

本論

太極拳史實之根據第一

考訂之學，尤重取證，取證不確，其所考者，自難徵信。唯武術之史實，載籍罕記，十口相傳，或不能及遠，或故為依託，自炫神奇，是以雖有取證之資，猶必參驗稽決，而後能定其是非，此所以為尤難也。

自頃以來，太極拳大行於南北，述其史實者，頗多異說，尤以源於張三峰之說為盛，復有謂出於六朝時之韓拱月，唐之許宣平、李道子，及明之殷利亨者。出於韓、許、李、殷之說，羌無故實，其為偽託，不待深辨。其源於張三峰之說，唐豪亦已辨明其非矣（唐氏說見《少林武當考》、《王宗岳太極拳經》中）。

顧唐氏謂太極拳創自陳王廷，則未諦。何則？唐氏取證之資，多陳、楊兩家之籍，武氏一派之遺文，固未詳加搜討，郝氏相承之傳說，又所未聞，故雖能辨諸家之謬，己之所言，亦未儘是（唐氏所得廠本《太極拳經》，亦傳抄自楊氏者，非王宗岳書，說詳後）。予既於陳、楊、武三家文籍，觀其會通，參以郝月如先生之口說，咸相密合，故作此編，昭其信史焉。

李亦畬遺著說第二

吾於考訂太極拳史實，所以特重武氏一派者，以李經綸亦畬氏之遺著，於此所關尤鉅。李氏於《打手要言》各章後，有「禹襄武氏並識」數位（譜附後），此可見譜中有武氏之文，不盡出於王宗岳。

據李亦畬跋云：「此譜得於舞陽縣鹽店，兼積諸家講論，並參鄙見，有者甚屬寥寥，間有一二有者，亦非全本。」於此可知此譜發見於武氏，以武河清（禹襄之兄澄清，字秋瀛）者，曾為舞陽縣知縣也。楊露蟬與

武禹襄友善（據光緒三年修《永年縣誌選舉表》，武澄清咸豐二年壬子進士，官河南舞陽知縣，武汝清道光二十年庚子進士，官刑部員外郎。其《藝文錄》中倭仁所撰《武封公傳》云：「公諱大勇，字德剛。（中略）孫六，澄清，由進士任河南舞陽縣知縣；汝清，由進士任刑部四川司員外郎；河清，郡庠生，貢成均。（下略）」。楊、武友誼，詳拙著《太極拳源流記》），故武氏所得之拳譜，楊氏亦有之，此楊取諸武，非武取諸楊。

如武取諸楊，亦奮何以言得諸舞陽縣鹽店乎？如謂楊氏別得諸陳家溝，何以至今陳家溝無此拳譜乎？且今楊氏之拳譜中，非盡王宗岳之作也，亦有武氏附入之文，此尤足為楊得諸武之確證。楊露蟬本不通文義（楊露蟬非讀書人出身，其往河南陳氏，初非為習拳而去，此事郝月如先生、陳子明君皆曾言之；即北平武士，其年事較長者，尚知其事，唯隱諱不肯道耳），武禹襄則兄弟皆書生，故楊氏初只措意於練拳，而不措意於拳譜，武氏既得拳譜，復附益其文，而楊氏承用之耳。試將陳、楊、武三系之文籍，會而觀之，足證吾說之不誣。不寧惟是，凡太極拳不出於張三豐，及由王宗岳傳於陳氏，並可由亦畬《太極拳小序》中，得其顯證，此李氏著述，所以為尤要也。

太極拳自王宗岳傳陳家溝證第三

李亦畬《太極拳小序》有云：「太極拳不知始自何人，其精微巧妙，王宗岳論詳且盡矣。後傳至河南陳家溝陳姓，神而明者，代不數人。」言不知始自何人，可見初無傳自張三豐之說。於「王宗岳論詳且盡矣」下，繼以「後傳至河南陳家溝」，此明明謂自王傳陳，非自陳傳王也。更考陳氏舊有拳譜，惟《打手歌》六句與《拳經總歌》，言及理法，其餘只有拳架名目及拳架歌訣。

然《打手歌》在陳氏書中，又不一致。其見於陳品三所著《太極拳圖說》，則曰：「掤攦擠捺須認真，引進落空任人侵；周身相隨敵難近，四兩化動八千斤。」其見於兩儀堂抄本者（兩儀堂抄本，亦陳家溝人所抄錄，陳君子明嘗以示予，欲知其審，可觀下卷《文徵》），則曰：「掤擠縷（震按，縷當為摟之誤。）捺須認真，上下相隨人難進；任他巨力人來打，牽動四兩撥千斤。」其見於陳子明《陳氏世傳拳械彙編》者（有油印本）。曰：「掤攄擠捺須認真，周身相隨人難進；任人巨力來攻擊，牽動四兩撥千斤，引進落空合即出，沾連粘隨就屈伸。」

以此觀之，則陳氏得諸王氏可知，以王氏筆之於書，陳氏初只傳其口訣，故陳氏書中或不完具，或頗歧異，楊、武兩家則譜中六句無異致，而文義亦較見於陳氏書者為長，是亦一顯證也。

夫李亦畬言王傳於陳，豈能臆造，自必聞之其舅武禹襄。武氏亦豈能臆造，則必聞之陳清平。楊露蟬亦必聞此說於陳溝，故於王宗岳為太極拳先師之說無異議。

借令陳溝初無此說，武氏何必以王宗岳為太極拳之先師。借令王宗岳之太極拳出於陳溝，李氏胡不曰太極拳創自陳氏。且武氏之學，出於陳氏，李氏既不諱言，寧須無端引王宗岳以自重，既不需引王宗岳以自重，自無偽造授受以欺人之理。然則謂王宗岳後傳陳家溝者，可為實錄矣。

太極拳不始於陳家溝證第四

謂太極拳自王宗岳傳陳家溝，亦畬《太極拳小序》言之尚略，郝先生月如告我者較詳。

其言曰：「陳氏所傳者，本為炮捶，非太極也。王宗岳偶過陳家溝，見村人演拳，既而，是宿於逆旅，議其短長。陳溝人聞之，不悅。時宗岳已離逆旅，乃由精於技擊者數人追及之，請與角而負。遂固止其行，而問

教焉。宗岳擇其尤穎悟者，指授之而去。」

郝先生又曰：「武秋瀛官舞陽縣時，聞鹽店有王宗岳拳譜，求索得之。」

郝先生之言，必武禹襄、李亦畬相傳之說，而武、李又聞諸陳氏故老也。且郝氏所宣佈之拳譜，無此「係張三峰祖師遺論」等附註語（郝氏曾依李亦畬手寫拳譜，印成石印百餘冊，油印者亦數十冊，從學者多有其書），則李氏又不假王宗岳之名與王宗相似，以便附會張三峰，何取而造此故實，以揚王宗岳而抑陳氏耶？以是觀之，其語確鑿可信。

難者曰：子之言則辨矣；其如陳氏文籍明言太極拳創於陳王廷何？應之曰：言太極拳創自王廷者，非陳氏之舊說也，今人唐豪所主張，陳氏裔孫子明有取焉爾。故子明所著《陳氏世傳太極拳術》一書，於《王廷傳》有創太極拳之語。

前乎子明，有陳鑫字品三者，於其《陳氏太極拳圖說・自序》有云，明洪武七年，始祖諱卜耕讀之餘，而以陰陽開合運轉周身者，教子孫以消化飲食之法，理根太極，故名曰太極拳。其於附錄中載王廷事，則僅謂精太極拳。觀陳鑫之意，尚不以為太極拳創自王廷，與子明異，足見陳氏子孫於其祖先之事，亦各以意推測而已。

然則創自陳卜之說可信乎？曰：此說唐豪已辨正之。然則唐氏之說又何如？曰：吾固言之矣，亦未盡是也，今當進而辨正唐說。

按唐氏於《太極拳源流考》云：陳溝太極拳世家陳槐三，藏有家譜一冊，於其九世祖陳王廷名諱旁注云：王廷（唐氏此下有注在括弧內云：家譜王廷作庭，茲據族譜及王廷墓碑考正）又名奏庭，明末武庠生，清初文庠生，在山東名手，掃蕩群匪千餘人，陳氏拳手刀槍創始之人也，天生豪傑，有戰大刀可考。此下唐氏有注在括弧內云：見家譜十二頁；又十六頁註，有「至此以上乾隆十九年譜序，以下道光二年接修」十九字。

唐氏又云：家譜中所云陳氏拳手，長短句中所云「悶來時造拳」之

語（震按，《王廷傳》引其所作長短句有云：「悶來時造拳，忙來時耕田。」陳鑫《太極拳圖說》、陳子明《世傳太極拳術》皆有），可證其即為太極拳者有二：家譜三十六頁十四世長興旁註拳師二字，二十五世耕雲旁註拳手二字，陳長興、耕雲父子，皆世所知名之太極拳家，一也；陳溝村人至今不習外來拳法，二也。

唐氏又云：陳卜墓碑係康熙五十年辛卯裔孫追立，其十世孫庚所撰墓誌，未言太極拳為卜所創（中略），言陳之發明太極拳者，始於道光以後人陳品三（以下有括弧內云見陳所著《引蒙入路・自序》。震按，此序今見品三所著《太極拳圖說》）。

姑無論其說之有無價值，但就長拳、十三勢、炮捶，與戚氏《拳經》圖勢、色名、歌訣相同諸點觀之，足證明太極拳脫胎於《拳經》無疑。況戚氏創編《拳經》時，參考於古拳家者，為宋太祖三十二勢長拳、六步拳、猴拳、囮拳；參考於當時拳家者，為溫家七十二行拳、三十六合鎖、二十四棄、探馬、八番、十二短、呂紅八下、綿張短打、李半天之腿、鷹爪王之拿、千跌張之跌、張伯敬之打、巴子拳等。可見彼時名家拳法中，尚未有所謂太極拳，此尤足為上說進一步之證明。

據唐氏上列諸證，只就陳卜孫庚所撰墓誌不言太極拳為卜所創，已足證明。以陳氏世世尚武，卜既創太極拳，裔孫不容略而不述也。必以戚氏《拳經》不及太極為言，則其時唐順之，有峨嵋道人拳歌矣，內家拳法亦行於浙江溫州一帶矣，戚氏皆未及，復可云其時無峨嵋派拳，無內家拳耶？陳卜墓誌不言其創太極拳，唐氏既據此以正陳鑫之誤，獨不思陳氏舊譜（謂乾隆時修者），只言王廷造拳，不言所造者為太極，正可證王廷所造並非太極。

乃唐氏思不及此，反欲舉證以明太極創於王廷，尋所舉證，復不剴切。何則？在王廷名旁註拳手，其義必為拳法，於文理方通；陳耕雲名旁註拳手，自屬精於拳技者之義。故拳手二字雖同，含義各別。

且長興、耕雲名旁註拳師、拳手，謂為精於拳技者耳，豈可援此謂長興、耕雲之所習，必是王廷之舊法乎。謂陳溝不習外來之拳，近來風氣或如斯耳，安能必其先祖中無一習外來之拳者？且陳氏言武技得諸外來者，尚有確證三事，並見陳溝舊抄本中，予於二十三年九月二十九日，錄於首都者，此皆陳君子明示我者也。述如後。

舊抄有題文修堂本者，中有若干頁為槍法圖勢，與戚氏《紀效新書》中圖勢略同，於「闖鴻門勢」一頁有附記，謂此槍傳自禹家（其原文云：此槍法圖，係汜水縣禹家槍漏鑽，係張飛神至張（原作傳）禹家，此下旁註，係俵家外生四字，以上漏鑽兩字，必係流傳之誤，禹家當是禹讓家，萇乃周曾學技於禹讓（見北京體育研究社民國十年一月所出體育季刊，《柴如柱儒拳師萇三》篇），唯俵字不知何字之誤）。附記者固為不學無術之人，然書出陳氏，自屬陳溝人之言。所言傳自汜水禹家，雖未必可信，要足證明陳氏並無不習外來武藝之說，其證一。

文修堂本又有《槍法自序》一篇，篇末署後學王得炳謹誌，後一行，題「乾隆乙未梅月之前一日重錄」；又後一行，署「道光癸卯年桂月張文謨號開周重抄」。此後即為槍棍法若干頁。

其後又有記一行云：「以上槍棍譜，係河北王倍村得來。」此行後又一行云：「道光二十三年歲在癸卯中秋。」此後又一行云：「張開周重抄錄謹誌。」

足見陳溝並非不習外來武藝（吾嘗以此問陳子明君，曰：「此非陳溝習外來武藝之證乎？」子明曰：「王堡（即上文之王倍村，堡倍音近，故訛為倍）之槍，陳溝亦習之，唯拳則不習外來者耳。」陳君此說，殊為可疑，既可習外來之槍，何獨不可習拳）。其證二。

文修堂舊抄本中尚有陳鑫文一篇（茲將陳氏全文移錄如下：「我陳氏陳州府陳胡公之後，自敬仲奔齊，陳溝之陳，不知由陳州遷山西，由齊國遷山西？年代延遠，宗譜失傳。今之陳溝陳氏，相傳由山西洪峒縣遷河

內，由河內縣遷溫東常陽古郡，即今陳溝是也。言由洪峒，亦未有據，以陳應雲說，以與盱眙姓陳，同到過土城村，余不記屬何縣管。土城陳氏，尚能指我始祖陳卜所自出之墓，有碑記可憑。要之陳氏之拳，元朝已有大名，我始祖在明初即有大名，非蔣氏所教。至陳奏廷時，前明成手，不可勝憑，陳奏廷以後，成手亦不可勝數。要之陳奏廷明時人，蔣把拾乾隆年間人，何得妄為指說陳氏之拳，傳於蔣氏，此言大為背謬。且蔣氏實不稱與陳奏廷當老夫子，人不同時，道統之深，又不如陳奏廷，何得胡言亂語，啟人疑惑！嗣後絕不可言陳氏拳法，傳於蔣氏。吾所明辨，雖不能與陳氏爭光，亦不至敗先人宗幸。民國十七年九月二十二日，歲貢生縣丞行年八十歲，陳鑫字品三號應五別號安愚謹誌。」以上一篇，並無題目，作於民國十七年，則較《太極拳圖說・自序》作於民國八年者後九年矣。末句「不至敗先人宗幸」，必有脫誤，否則文理不應如此不通），要旨在誡陳氏族人，不可言陳氏之拳得於蔣把拾。

但由文內「蔣把拾乾隆年間人」，「與陳奏廷不同時」等語，正可顯見乾隆時有一蔣把拾（此據陳氏原文，其實當為蔣把式，或蔣八式之訛，俗謂拳師為把式或八式），與陳氏拳術確有關係。陳氏子孫常稱道之。楊露蟬在陳溝嘗聞之，故楊家一派，有王宗岳傳蔣發，蔣發傳陳長興之說。縱謂王宗岳傳蔣發，蔣發傳陳長興，未必可信，然而陳溝有人，從學於蔣，固為不可泯滅之跡，其證三（原品三之意，無非欲尊其家學）。

除上列三證外，更審觀陳氏乾隆時所修家譜，雖言王廷為陳氏拳手刀槍創始之人，然下文復有「有戰大刀可考」一語，尋其語氣，王廷雖創拳手刀槍，似乎唯戰大刀尚是王廷之真傳，其拳技等已為子孫所改變羼雜。然則後來陳氏之拳，是否盡遵王廷之遺式；王廷之拳，是否即名太極，皆甚可疑。

以上列之三證，及此一事，反覆推求，唐豪之說，勢已無從堅持，則郝月如先生之說，其反證悉摧破矣。不寧惟是，吾尚可進而證明陳溝之

拳，初不名太極。

太極與長拳十三勢合一說第五

欲知陳溝之拳初不名太極，只就拳譜中太極一名長拳、一名十三勢數言，可以證知。以太極拳之架勢言，並不止十三，唯掤攌擠按採挒肘靠及進退顧盼定，合之為十三勢。顧在陳氏拳術歌訣中，除打手歌有掤攄按捺四字，其餘歌訣文辭中，未見以採挒肘靠連言，可見王宗岳因過陳家溝而授拳之說，亦屬可信。陳氏只得王宗岳之口授，故僅記《打手歌》，其他文篇，或均未帶往，故未予陳氏；或尚未撰成，亦不可知，事雖無可考，理不外乎是矣。

陳氏所得於王宗岳者，蓋僅為拳術運用之理法，王宗岳蓋亦以陳氏自有拳架，無須另起爐灶，只就其本有之拳架，去其不合，刪其繁重，有加有改（此習拳者恒有之事，不足為異，近日杜心五先生教人，往往如此，故所謂自然門者，無固定之拳架）。

故陳氏之太極拳，其拳架仍自舊有者化出，名目亦多從舊。王宗岳之太極，其理法統於掤攦擠按採挒肘靠進退顧盼定十三字中，故陳氏又名曰十三勢矣。

何以又名曰長拳，則以王宗岳所改定者，必原名長拳。證以今陳溝但有長拳之歌訣，其拳套已失傳，可見長拳經王宗岳改定後，學者皆習改定之太極，不復肄習原有之長拳，然而太極架即出於長拳，故有太極又名長拳之說。

凡此所云，雖出推論，然皆於理可通，於文可質，於傳說及事情，咸能吻合，則亦悉有根據，非憑臆之談矣（陳子明拳械彙集中長拳歌訣，陳氏文修堂兩儀堂本作拳勢總歌，此歌並載下卷《文徵》，可取參覯）。陳溝拳架名稱，與戚氏《紀效新書》中拳經所載，頗多同者，戚氏所採用有

太祖長拳，陳溝之長拳，或即衍長拳之遺緒，非由戚氏之法演變也。

太極拳譜檢討第六

據以上各篇之論證，於陳溝太極拳之由來，已大明矣，今更進而一審太極拳拳譜。按太極拳拳譜，可分三種。

（一）出於偽託者，如許宣平之《太極拳歌訣》，俞氏之《先天拳歌訣》，程珌之《用功五誌》、《四性歸原歌》，宋唯一《武當劍太極八卦歸一譜》皆是（許宣平、俞氏、程珌傳授淵源，見許龗厚《太極拳勢圖解》，其歌訣見李先五所著《太極拳書》中。宋唯一之拳譜，民國二十三年三月中央國術館六週年紀念特刊中，《太極八卦考證二》述其概要）。此等拳譜，所述師授淵源，皆荒渺無稽，無待深辨。其尤謬者，如《武當劍太極八卦歸一譜》，有宋唯一自序，言張三豐拳劍傳與張松溪，河南登封縣人，在嵩山養靜，道號丹崖子，後隱浙東之溫台各屬，是為第一代。此等誕妄之偽託，直於中國舊書、拳技故實，全無聞知，良堪大噱。

（二）出於陳氏者，見陳子明所編《陳氏世傳拳械彙編》中（此書只有民國二十四年一月油印本）。此中關於拳械，只打手歌六句言運用之理法，其他皆拳架之名目及拳架之歌訣而已。

（三）出於王宗岳者，即楊、武兩派所用之拳譜。第一種不足論，第二種唯《打手歌》六句為王宗岳之緒言（其說已詳第三篇、第四篇中），餘皆陳氏之物，此亦無待細考。唯第三種同出王宗岳，而楊、武兩家所傳者，頗有異同，此應詳為考論者也。

楊武兩家拳譜異同第七

欲明楊、武兩家太極拳譜之異同，先當明楊露蟬與武氏弟兄之交誼。

露蟬與武禹襄同為永年人，禹襄與兄秋瀛及酌堂（又字蘭畹）皆好武技。露蟬歸自陳家溝，雖身懷絕技，以單門寒族，不為鄉里所重。武氏兄弟慕其技之精妙，皆折節與交，露蟬以武氏為永年望族，亦傾心結納。故露蟬往北京授技，猶借酌堂之薦引。

觀楊澄甫《太極拳使用法》中，尚言及露蟬到京，由武祿青薦引（祿青者，即酌堂之名汝清之訛也。北人讀祿如汝，青、清之音本近。故誤其字），此亦楊、武交契之一證也（楊、武之關係余聞諸郝月如先生，永年人至今知之者尚多）。武氏既有秋瀛官舞陽縣之事，李亦畬《太極拳譜・跋》又有得諸舞陽鹽店之文，則此譜由武氏發見，絕無疑義。

楊、武既相契好，陳溝又無此譜，則楊氏別無來源，其譜取諸武氏，亦絕無疑義。然則兩家之譜何以不同，則必楊氏所傳者，據禹襄之初定本。今郝氏所藏李亦畬手寫本，及李氏廉讓堂本，乃禹襄後來所定也。

再就亦畬跋中「並參鄙見」一語觀之，其間或經亦畬有所竄益，此楊、武兩本所以不同也。將欲定孰為王宗岳舊譜，孰為武氏所竄益，則楊、武兩系之拳譜，其本門所傳，各本異同之處，尤宜先加審定，請先言武、李本。

按，武、李本予所見者有三種：

一、為李亦畬手寫者，藏郝月如先生家。

二、為迻錄本，亦藏郝月如先生家。

三、為李槐蔭重編本，即永年李氏廉讓堂藏本也（此書民國二十四年四月初版）。

李寫本之篇次如下（此本以下簡稱「寫本」）。

一、山右王宗岳太極拳論。二、十三勢架。三、身法。四、刀法。五、槍法。六、十三勢。七、十三勢行功歌訣。八、打手要言。九、打手歌。十、打手撒放（以上為太極拳譜）。

一、太極拳小序。二、五字訣（分心靜、身靈、氣斂、勁整、神聚五

節）。三、撒放密訣。四、走架打手打工要言（以上為李亦畬之著作）。

逡錄本較寫本多四篇，即十三刀、十三槍、太極拳白話歌、李亦畬跋四篇。此四篇唯李亦畬跋廉讓堂本亦無之，餘三篇廉讓堂本中皆有，只十三槍標題作十三杆，太極拳白話歌標題作各勢白話歌為異。至逡錄本之篇次，多與手寫本同，此多出之四篇，十三刀、十三槍似在寫本第五篇槍法後，太極拳白話歌似在第十篇打手撒放後，郝先生月如據李亦畬手寫本油印時，曾將此歌由逡錄本抄出，補列於後。亦畬跋語，則在逡錄本書尾。此本予以其文皆見於手寫本廉讓堂本，故未過錄，僅寫亦畬一跋，以其不見於他本，且與太極拳史實有關也。

李槐蔭重編之廉讓堂本其篇次如左（此本以下簡稱「廉本」）。

第一章　太極拳釋名（此即寫本之十三勢，其文略異，錄於《文徵》）。

第二章　各勢名稱（此為第二章之總目，目錄中如此，此章名乃李槐蔭所加，譜中於第二章下作十三勢架，則與第二節標題重複矣，必由排印時校對未審致誤）。

第一節　身法（此節較寫本多「鬆肩沉肘」，而無「閃戰騰挪」，其餘六目同，不錄）。

第二節　十三勢架（此節與寫本文字小異，名目亦略有出入，錄於文徵）。

第三節　十三刀。

第四節　十三杆（此兩節錄於文徵）。

第五節　四刀法。

第六節　四杆法（此兩節並與寫本同，不錄。唯本節之後有附記云，以上刀法杆法，俱用第一節身法，總要講究跟勁，此為寫本所無者，錄於此以資參考）。

第三章　山右王宗岳太極拳論（此中共分三篇。第一篇，自「太極者

無極而生」，至「是為論」。第二篇，自「解曰先在心」，至「腰如車軸」。第三篇，自「又曰，彼不動」，至「勁斷意不斷」，其文字與寫本異者，只三處。（一）此本「解曰」寫本作「又曰」；（二）「刻刻存心」，寫本「存」作「在」，皆無大關係。唯此本第二篇中「養氣者純剛」，寫本「養」字作「無」，則此本為長。今記其異同於此，全文不錄）。

第四章　歌訣。

第一節　各勢白話歌（錄如文徵）。

第二節　十三勢行功歌訣。

第三節　打手歌。

第四節　打手撒放（此三節與寫本並同，不錄）。

第五章　河北永年武禹襄先生著述。

一、太極拳解（此節與寫本《身雖動心貴靜》一篇，異者兩處。

（一）「捨己從人」上，此本多「一氣呵成」四字；（二）「搏兔之鵠」，此本「鵠」作「鶻」。全文不錄）。

二、十三勢說略（即寫本中「每一動唯手先著力」，至「勿令絲毫間斷」一篇，其與寫本異者三處。（一）寫本「如意要向上即寓下意」九字，此本無；（二）寫本「無使有缺陷處，無使有凹凸處，無使有斷續處」，此本三無字皆作「勿」；（三）「乃得機得勢」，此本乃下有「能」字，今記其異文於此，全文不錄）。

三、四字秘訣（寫本無，錄如文徵）。

第六章　河北永年李亦畬先生著述。

一、五字訣附序（序即寫本太極拳小序，唯不標題目。又，寫本「楊某」此本作「楊君」，寫本「伊不肯輕以授人」，此本「伊」作「彼」。又，此本「予自咸豐癸丑」下，多一「時」字。又，此本篇末題「清光緒六年歲次庚辰小陽月識」，則較寫本早一年，今記其異同於此，全文不

錄。下五段，與寫本文小有異處，以無關考證，不悉記，全文不錄）。

二、走架打手行功要言（此篇篇末引其弟啟軒語相參證，寫本無之，以無關考證，不錄）。

三、十三勢行功歌解（此即寫本《打手要言》首列之十條，以十三勢行功歌訣，與王宗岳拳論及解說互證者也，與寫本同，不錄）。

四、論虛實開合（附圖）（此篇寫本無，以無關考證，不錄）。

五、撒放秘訣（此篇四句韻語，及注「靈斂靜整」四字，與寫本同，後多附解一段，以無關考證，不錄）。

第七章　河北永年李啟軒先生著述。

一、敷字訣解（此篇無關考證，不錄）。

以寫本與廉讓堂本相較，可見武氏拳譜，已非王宗岳之原本。按寫本中太極拳小序、五字訣、撒放秘訣、走架打手行功要言及廉讓堂本論虛實開合一篇，此為李亦畬之作，敷字訣解為李啟軒之作，絕無疑義，不待辨。十三刀、十三杆、四杆法，具見陳氏書中（詳下卷《文徵》）。則武氏得其法於陳氏，而記於拳譜者，其非王宗岳原本所有，亦無待辨。

名稱所以與陳書小異者，蓋武氏傳其槍刀法，得諸口授，故記述時不盡同也。身法八目、打手撒放八字，此為武禹襄自記其心得，其非王宗岳原譜所有，又不待辨。

十三勢架為太極拳拳架之名目，此拳乃陳溝就原有之長拳改成，吾前既已考明（詳第五篇），其非王氏原譜所有，更不待辨。兩本之中，文字有歧異，名目有詳略者，寫定既不在一時，寫者前後意見不同，有所改易耳（廉本李福蔭太極拳譜後序云：「細檢家藏各本，文字間亦不相同，章篇或此前而彼後，或此多而彼少，緣先伯祖精求斯技四十年，輯本非只一冊，著述屢有刪改，外間抄本，因時間之不同，自難一致耳。」福蔭所稱之伯祖，即謂亦畬）。

「撒放秘訣」四字，寫本無，廉本列於武禹襄著作內，自屬可據。各

勢白話歌，即據陳氏所傳太極拳架名目，演為韻語，應非王氏原本所有，楊氏拳譜中又無之，蓋李亦畬之作也（郝月如先生云，其父為真作，殆誤）。其《太極拳論》一篇，為王宗岳作，唯獨武氏三本相同，即楊氏各本，亦無歧異，必為王氏原譜之文。十三勢行功歌訣，武氏既為作解，自是原譜所有。

打手歌六句，王宗岳論中引及「四兩撥千斤」語，亦必王氏原譜之文（此六句為王氏原有，第三篇中已有詳說），此三篇亦不待辨。

所應審辨者，唯寫本中之十三勢（即廉本太極拳釋名）、打手要言耳。至四刀法，既不見於陳氏書，又不見於楊譜，或為武禹襄所造，姑不論定。今將辨十三勢打手要言孰為王宗岳舊譜，孰為武、李所竄益，並當參會楊本，方可綜覈的當，請繼此而言楊本也。

按楊氏本流傳於外最早，今書肆中各種太極拳譜，大都出於楊氏。然，亦不一致，或傳者又各以意竄改，或轉錄致誤。近日校訂太極拳譜者，有唐豪所作王宗岳太極拳經，其參考之書，都十四部，其中唯馬同文本，出於武氏，餘皆出自楊派。此十四部中，廠本（即《陰符槍譜》與《太極拳經》合抄本）予當專論之，其餘十三部，今為說明其由來如下：

（一）馬同文《太極拳》譜。馬氏與李香遠同從學於郝公為真，故此本出於郝氏，郝為武氏之嫡傳，故馬氏譜為武氏本。

（二）楊澄甫《太極拳使用法》。此中所載太極拳譜，與近日出版之《太極拳體用全書》，篇次又不相合，知澄甫兩本，皆由其弟子隨意改動。

（三）陳微明《太極拳術》。

（四）九福公司所印吳鑒泉太極拳圖。此兩本篇第大致相同，雖標題及文字有以意竄改之處，編次尚為楊氏舊式。

（五）關百益《太極拳經》。

（六）許禹生《太極拳勢圖解》。許禹生從學於楊健侯，關百益本即

許氏囑以校訂者，則此兩本自屬楊系。唯許氏書中僅載《太極拳論》一篇，關氏既以考訂自任，故亦以意改其編次，此兩本於考證楊氏舊譜，無甚作用。

（七）陳秀峰本。

（八）黃文叔本。

（九）姜容樵本。

此三人之太極拳法皆源於楊氏，陳師班侯，黃從澄甫，姜氏雖不認出於楊氏，實亦得諸楊氏，已經唐豪證明。此三本雖源出楊氏，然陳則以己意改易，黃與姜則所得者為後來竄改之本，皆不能據以考見楊氏之舊譜。

（十）徐致一本。

（十一）吳圖南本。

（十二）陳振民本。

此三人皆學於吳鑒泉，其譜之異於吳者，必據吳本竄改，或傳寫致誤，既有吳本可據，此三本皆可略之，無須採及。

（十三）田鎮峰本。

田氏之太極拳架，得諸其友葛蘭蓀，葛為楊澄甫之弟子，此本所載拳譜編次，或係田君參酌他本所改定，書中無張三豐遺論數語，又無「長拳者，如長江大海，滔滔不絕」三句；又十三勢者一節極簡，此三處或者尚為楊氏最初本之遺跡也。在唐氏所舉各本外，吾尚有兩本。

（一）據龔潤田所藏傳抄本。

（二）李先五著太極拳中所載本。

龔為劉德寬之弟子，劉之太極亦出於楊氏。李之師為劉鳳山，劉乃全佑弟子也。然，今日太極拳書籍，故不止此數部，今由吳鑒泉、李先五本以溯全佑之舊譜，更由陳微明、龔潤田本以溯楊健侯之舊譜（陳微明之拳，雖出於楊氏，其書之宣佈，前於楊澄甫之《太極拳使用法》，及《太極拳體用全書》，故轉較澄甫之書為可據。因澄甫此兩書中拳譜，皆近來

所竄亂，陳氏所得之譜，尚存舊觀也。龔君潤田，予與之相識，一質直無文之人，然正唯其質直無文，故不至臆改舊本，其譜中誤處，則傳抄之訛也），參會四本以求之，則楊氏之舊譜猶可推知，無須繁徵各本。今將四本異同之大端，列舉如左，其無關宏旨者，不復詳也（欲考文字異同，可參觀文徵）。

龔潤田本。

一、無題目（自「一舉動周身俱要輕靈」至「勿令絲毫間斷」）。

二、山右王宗岳先生太極拳論（有四節。（一）太極者無極而生，至是為論矣。（二）此論句句切要在心，至亦恐枉費工夫耳。（三）右係武當山張三豐先師遺論，至不徒作技藝之末也。（四）長拳者，如長江大海，滔滔不絕，至進退顧盼定，即水火木金土也。題目下注云：一名長拳，一名十三勢）。

三、十三勢歌（自十三總勢莫輕視，至枉費工夫貽嘆惜）。

四、十三勢行功心解（有兩節。（一）以心行氣務令沉著，至乃可臻於縝密矣。（二）又曰：先在心，至腰如車軸之謂也）。

五、打手歌（自掤履擠按須認真，至粘連黏隨不丟頂）。

六、十三勢名目（自攬雀尾，至合太極。後有又曰：彼不動，己不動；彼微動，己先動，至勁斷意不斷一節）。

陳微明本。

一、太極拳論（有五節。（一）一舉動周身俱要輕靈，至勿令絲毫間斷耳。（二）長拳者，如長江大海，滔滔不絕，至即金木水火土也。（三）此論句句切要，至亦恐枉費工夫耳。（四）以上係武當山張三豐祖師遺著，至不徒作技藝之末也。但文係小字注。（五）太極者無極而生，至不可不詳辨焉）。

二、十三勢歌（自十三總勢莫輕視，至枉費工夫貽嘆惜）。

三、十三勢行功心解（有兩節。（一）以心行氣務令沉著，至乃可臻

於縝密矣。（二）又曰：先在心，至腰如車軸。

四、打手歌（有兩節。（一）掤擺擠按須認真，至粘連黏隨不丟頂。（二）又曰：彼不動，至勁斷意不斷）。

至於十三勢名目一篇，陳題作太極拳式各勢名稱，列於其所作書之目錄中。

吳鑒泉本。

一、太極拳論（有兩節。（一）一舉動周身俱要輕靈，至無令絲毫間斷耳。（二）長拳者，如長江大海，滔滔不絕，至即進步退步左顧右盼中定也。以下有小注云：此係武當山張三豐老師遺論，至不徒作技藝之末也）。

二、太極拳經（自太極拳者無極而生，至學者不可不詳辨焉。題下有一行小字旁注云：山右王宗岳遺著）。

三、十三勢歌（自十三勢勢莫輕視，至枉費工夫貽嘆惜）。

四、十三勢行功心解（有兩節。（一）以心行氣務令沉著，至乃可臻於縝密矣。（二）又曰：先在心，至腰如車軸）。

五、打手歌（有兩節。（一）掤握擠按須認真，至粘連黏隨不丟頂。（二）又曰：彼不動，至勁斷意不斷）。

六、太極拳姿勢之名稱及其次序（自攬雀尾至合太極各勢，即龔本之十三勢名目也）。

李先五本。

此本與吳本篇第全同，文字間有一二處不同，如十三勢歌中吳本第一句作十三勢勢莫輕視，此本作十三總勢莫輕視；吳本十三勢行功心解第一節，進退須由轉換，此本由作有，或劉鳳山據別本改，或李先五據別本改，凡此極微之出入，無關考證，不復多論。至如吳本《太極拳論》於太極者無極而生，下多「動靜之機」四字，龔、陳兩本皆無，武派各本亦無，此本有，可見此本承全佑本，「動靜之機」四字，全佑所加也。唯太

極拳論第二節，自長拳者如長江大海滔滔不絕以下，文句與吳鑒泉本大異，此當為武氏最初改本之遺跡（說詳下文），錄之如後。

十三勢者，掤、攌、擠、按、採、挒、肘、靠、進、退、顧、盼、定也。掤、攌、擠、按四正方也。採、挒、肘、靠四隅也。進、退、顧、盼、定，即進步、退步、左顧、右盼、中定也。

以此四本與前武氏兩本相較，太極拳譜之遞變，其跡可尋矣。今將各篇列論如下。

（一）一舉動周身俱要輕靈，至勿令絲毫間斷。此篇當從龔本無題目。何以言當從龔本無題目？曰：王宗岳所作太極者無極而生一篇，乃太極拳論也，陳本以此文無題，故移太極拳論之題於前，以統括之。吳鑒泉、李先五本，則既以太極拳論之題，移用於此篇，其王宗岳太極拳論，不得不改論為經，以示區別，此其移易舊次，與竄改舊文之跡，顯然可見。顧何以謂當從龔本耶？曰：此篇為武禹襄所後作，楊氏加錄於拳譜首頁，故無題目也。

（二）長拳者，如長江大海，滔滔不絕，至金木水火土也。此篇龔本在王宗岳《太極拳論》後，陳、吳、李三本皆在一舉動一篇之後，李亦畬手寫本亦在王論之後。然，陳、吳、李本列於論前，與一舉動篇相連者，亦有其由。以在論後者，王宗岳之原次，在論前者，經武禹襄竄益後，楊氏與一舉動章同錄於首頁，而去其原本簡質之文，故在論前也。

（三）王宗岳《太極拳論》。

（四）十三勢歌。上篇及此篇皆王宗岳原譜之文，上文已言之。

（五）十三勢行功心解。楊譜兩篇即在李氏寫本打手要言中，試就下卷文徵所錄比觀，則李有五篇，楊只有兩篇。李寫本首列歌訣與說解互證者十條，楊本所無，此十條當為武禹襄最初附益之文，楊譜中兩篇，乃其第二次附益之本也。至李氏所寫成者，則為武氏最後改定之作，或其間並有李氏竄入之辭，亦未可知。何以明之，楊譜中兩篇，第一篇以心行氣至

乃可臻於縝密矣，其語不越李寫本十條；及第二篇中，然，李寫本語繁，楊譜簡約。楊譜中意氣須換得靈乃有圓活之趣下云，所謂變轉虛實也，行氣如九曲珠無微不到下云，氣遍身軀之謂，猶存十條演成之跡，可知武氏先成此十條，後乃貫串成文，即今楊譜《十三勢行功心解》之首篇，李氏以此十條列於《打手要言》之首，正以其撰成最先也。廉讓堂本直以為李氏作，誤矣。

李寫本十條之後，解曰身雖動心貴靜一篇，所以視楊譜為繁者，非禹襄後來又有改動，則必亦畬所改定。觀亦畬太極拳譜跋中，並參鄙見之語，及廉本太極拳譜李福蔭後序，謂細檢家藏各本，文字間亦不相同，章篇或此前而彼後，或此多而彼少，輯本非只一冊，著述屢有刪改，可證吾言之有據也。

李寫本第三篇，與楊譜第二篇幾乎全同，此則未加追改者。

李寫本第四篇為彼不動己不動至勁斷意不斷，與楊譜文字全同。唯楊系陳、吳、李三本皆列於打手歌之後，此或為武禹襄初定之篇次，或楊氏之徒所改定，皆不可知。至龔本獨在十三勢名目後者，必傳寫者遺漏，故補錄於後，龔氏不敢擅改也。

李寫本第五篇，即楊本列於譜首無題之文，此必禹襄後成之作，故李寫本次於各篇之末，楊氏由後抄得，補寫於書首耳。其起首數語不同，或亦畬所竄改。

此篇之末，李寫本有「禹襄武氏並識」一行，則明明謂五篇皆禹襄作，廉本乃以《先在心後在身》一篇，及《彼不動，已不動》一篇，附於王宗岳太極拳論之後，定為王作，此又何耶?按萇乃周所著書中論打法篇有云：「彼不動，我不動；彼欲動，我先動」；《論出手》篇有云：「內固精神，外示安逸。」觀此，則以此六句分為兩篇，而題為打手要言者，乃王氏原譜也，故萇氏得引及之。然就楊、武之譜論，已成武氏之作，舊譜六句，不過包括在內而已，故亦畬定為禹襄作，李氏子孫猶聞此中有王

氏原文之傳說，故列於王氏論後也。萇乃周為乾隆時人，必不能引及武氏語，故吾定此六句為王氏舊譜之文也。

（六）十三勢名目。楊、武兩本所記，各不相同，緣此非王氏舊譜所有，楊與武各就所習者記之耳。聞諸郝月如先生曰：楊露蟬所學於陳長興者為老架，武禹襄學於陳清平者為新架，故名目各殊焉。考陳子明太極拳術中言陳長興得其父秉旺之傳，而陳清平為陳有本門人，唐豪《太極源流考》言陳有本創新架，足徵郝言不虛。

如上所考論，微獨楊、武兩家之舊本可考，即王宗岳之原本，亦不難探索得之。

王宗岳舊譜鉤沉第八

欲鉤稽王宗岳原本《太極拳譜》，觀於李氏寫本之目錄及篇次，即可探索得之。按李寫本第一篇題為《山右王宗岳太極拳論》，此於舊譜亦必為第一篇，故將作者地處姓名統行標舉也。自第二篇十三勢架直至槍法，皆武、李所加入者，與王氏原譜無涉。《十三勢》一篇，必為舊譜第二篇，但長拳與十三勢合一之故，王宗岳譜中不應道及，吾在本書第五篇《太極長拳十三勢合一說》中已言之，則「長拳者，如長江大海，滔滔不絕也」十三字，亦必禹襄所加。禹襄於太極所以又名十三勢又名長拳之故，亦有未審，故為此望文生義之說，楊露蟬亦未考求，故從禹襄之說耳（田鎮峰本太極拳譜即無長拳者數語，不知所據何本，然可見舊本中尚有無此數語者）。

李先五本當為最初武氏附益之文，其他楊本，乃後來又有附益。推求王氏原譜，必為「十三勢者掤攦擠按採挒肘靠進退顧盼定也」，止此十八字耳。何以明之，李寫本標題為十三勢，而將「一名長拳」偏注其下，可見初無長拳數語，故以起首十三勢標題，若長拳者如長江大海滔滔不絕三

句在前，何不標題為長拳乎？

楊氏最初本必為原文，及武氏加以解釋之語，原文即在解釋語內，楊氏既錄其推演之文於《一舉動》一篇後，則以舊譜之文為重複，乃刪去之。故楊譜多以列於論前，龔譜獨在論後，則別本抄自楊氏，又有次從其舊，文從其新者也。觀於田鎮峰本，只作十三勢者掤攦擠按採挒肘靠進退顧盼中定是也，其文極簡。李先五本文句稍繁，尚較李寫本為簡。龔、陳、吳、本較李寫本更繁，可知武氏增改，不止一次矣（吳本初必與李先五本同，當由鑒泉之徒又據別本動改）。

《十三勢行功歌訣》，為原譜第三篇，繼上文十三勢而詠頌之也。《打手要言》為原譜第四篇，其文止「內固精神，外示安逸」，及「彼不動，己不動；彼微動，己先動」兩節，專重應用，故標《打手要言》，言簡意賅，所以為要。若今李寫本五篇之首皆題「解曰」，則當如廉讓堂本題為「十三勢行功歌解」，或如楊譜題為「十三勢行功心解」方合，蓋武氏已題此數篇為心解，李氏以為文雖解釋之體，用意仍為打手，故存其舊目也。

《打手歌》為原譜第五篇，繼《打手要言》之後，與《十三勢行功歌訣》，繼《十三勢》之後，一例也。觀原譜相次皆有用意，先總論體用，故首《太極拳論》；次明運用之法，故繼之以《十三勢行功歌訣》；次明應變之機，故繼之以《打手要言》；次推應變之機，以明應變之規，故繼之以《打手歌》。文義銜接，一氣貫串，于此可見原譜之精簡。今各家之譜，皆不免雜亂無章者，無他，由舊文與附益之作混淆不分耳。

廠本王宗岳《太極拳經》辨第九

前三年在都中，陳君子明嘗言，王宗岳之太極拳，學自陳家溝。予問何以知之？子明謂唐豪處有王宗岳學於陳氏之證。時吾已見唐豪《太極拳

源流考》，其中有云：言張（謂張三峰）之發明太極拳者，始於乾、嘉間人王宗岳。因急問子明，唐豪所據者何書，其說云何。陳君云：書未得見，其說亦未詳也。近日唐氏所編《王宗岳太極拳經》、《王宗岳陰符槍譜》，已宣佈。

其書得諸在北平廠肆，為陰符槍譜與太極拳合抄本一冊。槍譜之前，有乾隆乙卯佚名氏序，略謂山右王先生深觀於盈虛消息之機，熟悉於止齊步伐之節，簡練揣摩，自成一家，名曰陰符槍（序錄於《文徵》）。唐氏據此書，列舉三證。

其一，以為陰符槍總訣中，高下左右，剛柔虛實，進退動靜，陰陽粘隨，一一與太極拳經理論吻合，此山右王先生即王宗岳之一證。

其二，以為《太極拳經》之著者為山右王宗岳，《陰符槍譜》序中稱造譜者為山右王先生，籍貫相同，此山右王先生即王宗岳之又一證。

其三，以為《太極拳經》與《陰符槍譜》合抄一處，理論文采，兩者又合，苟非一人所著，安能若是巧合，此山右王先生即王宗岳之又一證。

唐氏既證明槍譜、與拳譜皆王宗岳之作，以槍譜拳譜之間，尚有春秋刀殘譜一種，其刀法現尚為陳溝傳習，刀譜亦可在陳溝拳家間錄得。因云，據此以觀，王宗岳得陳溝之傳者，不單是太極拳一種。唐氏既定太極拳造自陳王廷，陳王廷為明末清初人，又據《陰符槍譜》及其序文，以證王宗岳為乾隆時人，則太極拳法，只可王宗岳得諸陳氏，絕不能陳氏得諸王宗岳。又以春秋刀譜系於陰符槍譜之後，更足為王宗岳學於陳溝之的證。此亦可謂曲暢旁通，善於推求矣。

顧如唐氏說，必此合抄本確為出於王宗岳嫡派學者之手，此本之合編，確為王宗岳所手定，其說乃無可駁難。今觀廠本拳譜，與楊本同，而楊氏拳譜中，顯有武禹襄之手筆，則唐氏所得之合抄本，絕非王宗岳所手定，亦不出於王氏嫡派學者之手，皆可證明。此冊為後人所抄合，亦復顯而易見，既為後人所抄合，則為《陰符槍譜》之山右王先生，與造《太極

拳譜》之王宗岳，雖為一人，春秋刀歌訣，即不必為王宗岳所編入，亦即不能據此謂王宗岳曾習武於陳溝。抑有進者，陳溝拳械舊譜，除拳經總歌及太極拳打手歌外，餘只架勢歌訣，無言應用之理法者（陳品三、陳子明之著述，非陳溝原有，不得援為反證）。

王宗岳之著述，則《陰符槍譜》、《太極拳譜》，全編皆言應用之理法，絕不言及架勢（楊、武兩家譜中太極拳架，乃楊、武兩家各就所習者錄入，故兩本既不相同，與陳溝原有名目亦有出入，此意唐氏亦曾言及）。以此推求，又可證陳氏打手歌，確為得自王宗岳。而廠本槍刀拳譜，確為後人所抄合。則謂王宗岳曾學刀法於陳溝，其說無以自立。

欲援王宗岳曾學刀法於陳溝，因以見王之太極拳法得之於陳溝，其說更無以自立。若夫陳王廷前於王宗岳之說，固與陳溝太極受諸王氏，絕不相妨。何則？王廷造拳，並非即造太極，陳溝人亦非不習外來武技，吾前既反覆證明之。此義既明，則以王廷在前，宗岳在後，而定王學於陳，其說又無以自立矣。此本或一人三處受學，因將所得槍刀拳譜滙而錄之，或並非盡學，特以其為譜訣珍而錄之，揆厥由來，要不出此。

是故，由唐氏所推斷，可證《陰符槍譜》造於王宗岳，可證王宗岳為乾隆時人，而不能證王宗岳學於陳家溝，太極拳創自陳王廷。唐說既已遮撥，吾說便無反證，反證已破，本證旁證甚多，吾說成立，更無疑義。

總挈要義第十

上來九篇，旨在述太極拳之淵源，及拳譜之遞變，因以匡謬正俗，疏決疑滯，文雖不多，端緒甚繁，恐論證之紛雜，而宗趣隱晦也，用挈要義，以昭指歸。

（一）拳術之演變

按陳王廷雖創導武術於陳家溝，所遺之拳為長拳、炮捶，不名太極。至乾隆時，其法式漸變，精義漸失，於時陳溝人得王宗岳之傳，而競習太極。太極不重固定之拳架，其要法為掤擺擠按採挒肘靠進退顧盼定十三字，其運用重在練習打手。王宗岳既傳諸陳溝，因刪改陳溝之長拳而為太極拳架。其後陳溝復有新架老架之分，楊露蟬得諸陳長興者為老架，武禹襄得諸陳清平者為新架。

今太極之傳，不出於楊，則出於陳與武。武禹襄傳李亦畬，亦畬傳郝為真，為真傳人甚多，其子月如及弟子孫祿堂，所授尤眾，故今之出於武氏一系者，亦稱郝派。此太極拳演變之大略也。其他依託附會者，皆無徵不信，不足述。即謂太極拳出於張三峰，陳氏無此言，武氏、李氏無此言，唯楊氏譜中有此說，顯為楊氏之徒所附益。然則太極拳之傳，自王宗岳以上不可考，李亦畬所言是也。

（二）拳譜之遞變

按陳氏舊譜，多為歌訣，罕涉理法。王宗岳原譜，止有五篇：

一曰，《太極拳論》，即「太極者無極而生」，至「是為論」者是也。

二曰，《十三勢》，即「掤擺至顧盼定」者是也。

三曰，《十三勢歌》，即「十三總勢莫輕視」至「枉費工夫貽嘆惜」者是也。

四曰，《打手要言》，分為兩節，即「內固精神，外示安逸」為一節，「彼不動，己不動；彼微動，己先動」為一節，此篇止此六句。

五曰，《打手歌》，即「掤擺擠按須認真」至「沾連黏隨不丟頂」是也。

武禹襄之兄秋瀛，官舞陽知縣，得此譜於鹽店。禹襄初僅益以歌解十條（即李寫本《打手要言》所列起首十條是也），後連綴成篇，更益以《先在心》一篇，《一舉動》一篇，於《十三勢》一篇，及《打手要言》「彼不動」一節，均續以己語，此本即楊氏所取用者。其後武氏又有改動，或李亦畬有所竄益，即李亦畬手寫本是也。

此拳譜遞變之大略，其他各本，又多歌訣等文，則竄入愈後，不獨非王宗岳之舊，且非武李之舊矣。

太極拳考信錄上卷本論竟。

中卷

輔論

太極拳依託張三豐考第十一

陳氏拳訣中，無太極拳傳自張三豐語，武氏拳譜中，亦無此語，李亦畬且明言太極拳不知始自何人，可見自陳氏至武、李，皆無源於張三豐之說，至楊氏拳譜中乃有之，此明明為楊氏之徒所加。

太極拳法，重在關節靈活，心氣沉靜，與江湖拳技，以跳擲猛厲相尚者不同，故亦謂之內功。《聊齋志異・武技》篇後王漁洋識語，有武當山張三豐為內家，三豐之後，有關中人王宗，云云。習楊派者，既以內功與內家文義相近，而王宗岳之名，較王宗僅多一字，張三豐又為世俗共知之仙真，遂附會之，自尊所學。楊露蟬武術雖高，固無學問，絕不能加以考訂，且謂其術源於仙傳，自所樂聞，於是此語遂流布於楊氏一派拳家中，其譜中皆有源於張三豐之註矣。

夫以少林為外家，以張三豐為內家，此語初見於黃宗羲之王征南墓誌銘。然，南雷一集，似非當年楊氏之徒所得見，唯《聊齋志異》雅俗共傳，當為楊氏之徒附會之根據也。

又按，唐豪所得《陰符槍譜・太極拳譜》合抄本中，亦有張三豐遺論數語，可見此譜出於楊氏一派。楊氏有此拳譜，而無陰符槍譜，及春秋刀歌；陳溝有此春秋刀歌，又無此槍譜及拳譜，是此冊為後人合抄之的證。合抄者既非承一家之傳授，則欲據此合抄本，以定王宗岳學於陳溝，其說不攻自破。因考太極拳依託張三豐之由來，而並及之焉。

陳溝拳術演變說第十二

陳王廷所為長短句有云：閑來時造拳。夫事必有所承，不能憑空特起，然則造拳云者，或就舊架附益之，或將舊架刪改之耳。考陳氏拳技歌

譜，有長拳，有短打，有炮捶，有紅拳。

長拳歌訣有云：「探馬拳太祖留傳」；紅拳歌訣首句云：「太祖立勢最高強」，末句云：「名為太祖下南唐」，是長拳、紅拳皆相傳創於宋太祖也。戚繼光《紀效新書》之拳經，曾採用太祖長拳，其時長拳只三十二勢。今陳溝長拳，雖已失傳，據歌譜為一百單八勢，則陳溝長拳，較原架繁衍多矣，此殆即王廷所加，故曰造拳也。又戚氏既採用長拳，陳王廷所據以改造者，又為長拳，故名勢歌訣，頗有同者。而陳溝紅拳，亦推本於宋太祖，此足見王廷所學之長拳，與戚氏所採用之長拳，謂之同派則可，謂陳氏之拳出於戚氏，則未必然。

以此類推，凡短打、紅拳、炮捶等，雖出古法，大抵皆為王廷所改造，故曰閑來時造拳也。

觀陳氏拳術，如長拳、短打、紅拳、炮捶等名目，咸有所循，則王廷於所受之拳法，雖改其拳路，不改其長拳短打等舊名。且此等名目，皆通俗而質直，其意味亦復相類，太極一名，獨不類。太極拳與陰符槍，其名皆古雅而玄妙，乃相類矣。

陰符槍之名既起於王宗岳，太極拳之名，或亦起於王宗岳，或王宗岳所習拳法名為太極，故立槍法之名曰陰符，與之相配，亦未可知，於此益可證王廷所造者，絕不名太極。

至陳溝人所以習太極者，郝月如先生之說，大致可信。觀陳氏家譜，王廷名旁之註，可見至乾隆時，王廷遺法漸改，形式精神，兩俱虧闕，而外來之太極，乃為陳溝武術重振之奧主焉。

十三勢說辨疑第十三

太極拳所以又名長拳，又名十三勢，其義已詳於上卷。唯陳氏舊抄本中有一說云：太極拳一名頭套捶，一名十三勢，即十三折，亦即十三摺也

（見兩儀堂本，錄於《文徵》）。此蓋謂太極拳走架時，一來一往，都為十三折也。今按，以郝家太極來往之次數計之，亦可謂十三折。

然，王宗岳拳譜明明有十三勢之名目，且《十三勢行功歌訣》起句云：「十三總勢莫輕視」，若改為十三總折，或十三總摺，則文理不通矣。稽之楊、武各譜，以及陳氏其他抄本，亦只作十三勢，無作十三折、十三摺者，可見此說之不確。

大抵陳氏後人，不聞舊說，又未見王宗岳《太極拳譜》，故於太極拳何以又名十三勢，不識其由，乃以勢字之音，與折相近，而其走架來往之數，亦可謂為十三，遂為此臆度之解，非有所受之也。

馬同文本太極拳譜說第十四

馬同文之師授淵源，吾已述於上篇，就唐豪所編王宗岳太極拳經中引馬氏抄本拳譜，不啻已宣佈全文，今記其篇次及篇名如下。

一、十三勢架。

二、山右王宗岳先生太極拳論。

三、十三勢行功歌訣。

四、打手歌。

五、打手要言。

六、十三勢。

此篇無題目，而「長拳者」之上，有「一名長拳一名十三勢」九字。又「彼不動，己不動」一節，列打手要言之末。第一篇十三勢架中所列拳架名目，多同李寫本。各篇篇名，亦與李寫本同，然編次不同，文字又多同於楊譜，足證楊譜為武禹襄初訂本。其中缺《一舉動周身俱要輕靈》一篇，可見禹襄撰此篇，在以《心行氣》及《先在心》兩篇之後，馬氏所據本，尚為未有此篇之譜，而楊譜所以將一舉動篇列在最先，不標題目之故，亦可由此證明矣。

十三勢架為太極拳全部名色，故列於前，王宗岳太極拳論、十三勢行功歌訣、打手歌，皆舊譜之文，故連類相次。《打手要言》、《十三勢》兩篇，舊譜只有數句，經禹襄推演成篇，故又次之。此為武氏拳譜之又一種本也。

萇乃周與王宗岳關係考第十五

萇乃周書有太極拳譜打手要言中語，吾前既言之矣。今按。萇氏書中槍法，與陰符槍理法，頗有合處。其書中論拳之語，雖不若王宗岳《太極拳論》之簡賅，而理法亦多合者。觀乃周拳法淵源序曰：「余自從師四十餘年，屢屢時驗，微開茅塞。」可見萇氏旁搜博採，門戶甚廣，年雖已長，猶不厭求師也。

其二十四拳譜序，謂遇河南府洛陽縣閻聖道，指點一二，頗覺進益。據佚名氏陰符槍譜序，王宗岳曾在洛陽，豈閻聖道得王氏之傳，轉以述諸蔣氏歟？或曰：考陳氏家乘中，載陳繼夏正繪古聖寺佛像，有人自後按之，繼夏閃而仆之，問其姓名，乃河南蔣三宅也，是蔣曾至陳家溝之證。今其書中復有太極拳譜中語，其論槍論拳又多與王合，將非蔣得諸陳，而轉述於王歟？應之曰：不然。據《陳氏家乘》，謂繼夏乾隆末人。

佚名氏陰符槍序，作於乾隆乙卯，時乾隆六十年也。序中有云：「辛亥歲，先生在洛，即以示予。」又云：「先生常謂予曰（震按，「常」誤，當作「嘗」），予本不欲譜，但悉心於此數十年。」是王宗岳至少為乾隆初人，或雍正間人，至乾隆末，其年已老，不至更學拳於蔣乃周，斯可知蔣得諸王，非王得諸蔣也。

汜水與溫縣僅隔一河，蔣氏曾至陳溝，事或有之，若云無端往按陳繼夏，致被閃跌，此恐陳氏子孫揚詡之言。何則？蔣氏本儒生，不宜魯莽

輕率至此。且其書中《初學條目》一篇，斤斤以端重縝密、恭敬謙遜等語，告誡學人，安肯躬蹈不重不遜之愆耶（萇氏《初學條目》云：一、學拳宜在靜處用功，不可向人前賣弄精神，誇張技藝。一、學拳宜以德行為先，凡事恭敬謙遜，不與人爭，方是正人君子。一、學拳宜以涵養為本，舉動間要平心氣和，善氣迎人，方免災殃。一、學拳不可令腐儒輩知，一知之，便自引經道古，說出多少執謬無干話頭，反惹人心生嗔，謹避之可也，密藏之可也。一、學拳不可輕與暴虐人比試，輕則以為拳藝不高，重則觸其惱怒。觀此諸條，豈肯向一素不相識之人，掩其不備而按之乎，故知陳氏家乘所記，未為得實矣。）

蔣僕蔣發考第十六

陳子明《陳氏世傳太極拳術》中，有陳王廷像一幅，像為王廷端坐，一人持刀侍立，子明謂此即善走之蔣姓僕，或云即是蔣發，是子明以蔣僕與蔣發為一人也。陳鑫謂陳王廷明時人，蔣把拾乾隆年間人，何得妄為指說。陳氏之拳，傳於蔣氏（原文見第四篇小注中），是陳鑫謂蔣發即蔣把拾，非蔣僕也。

據楊氏所傳說，王宗岳傳蔣發，蔣發傳陳長興，與陳鑫所言乾隆年間有一蔣把拾，其時正合。然則乾隆年間必有一蔣姓拳師，曾至陳家溝，有所指授，與陳王廷之蔣僕，的為兩人。

民國二十三年夏，《北平實報》載有《王矯宇訪問記》一篇，其文甚長，茲將關於王宗岳蔣發事者一段，錄如後。

「問：太極門中不能水上步行乎？

答：水上步行之事，本人曾聞之於露蟬先生。彼云：太極門中能水上步行者，唯王宗岳收蔣發為徒之故事也。緣王宗岳先生因呼蔣發為禿小

子，致激起蔣發之大怒，於盛怒之下，與王宗岳較，結果被王宗岳擊出十丈以外者凡三次。至此，始知王宗岳先生為非常人，急奔至王宗岳先生之前，跪地呼師父，求收為弟子。

王宗岳先生曰：汝之氣質過於剛烈，我呼汝一聲禿小子，便欲擊殺我，若我傳汝工夫，將來不知擊殺多少人矣！

蔣發先生頓首謝過，力自懺悔，叩首無算，至於出血。

王宗岳先生察其意誠，始允收為同門，約以明年今日正式行拜師禮（此下有云：本人有生以來不打誑語，凡本人之談話，皆由本人負責。舍下在德勝橋旁真武廟之西院。外間有懷疑者，無妨向本人詢問）。

王宗岳先生去後，蔣發先生即築室於黃河之岸，守候王宗岳先生。約經一年，一日傍晚，日色平西，蔣發先生方於河岸引領翹盼，則見河中水面有人影向此岸來。其時風平浪靜，並無波濤，水面光澈如鏡，蔣發先生注視久之，人影漸近，乃步行於水面，細視之，則王宗岳先生也。」

以上所錄，問者為作記之王柱宇，答者即王矯宇也。記中言矯宇年八十餘，昔曾受學於楊班侯，觀此一段，則尚及見露蟬，接其言論者。此段所述之事蹟，未免誇誕，但王矯宇既自矢不為誑語，其必述露蟬之說。露蟬此說，當為傳述陳溝舊聞，而過甚其辭耳。然由此一段問答中，可以推見兩事。

其一，王宗岳之武技，必深為陳溝所尊崇，唯其尊崇之甚，故稱道之者，遞加誇飾，遂至演成不近人情之奇蹟；奇蹟雖誕，其武技為人所尊崇，則事實也。此足為太極拳由王傳陳之明證。

其二，蔣發即陳溝人所稱之蔣把式，為有清乾隆時人，有陳鑫之文可據，王宗岳亦乾隆時人，唐豪已證明之，是蔣與王確為同時。楊露蟬於蔣受學於王，言之鑿鑿，自非聞諸陳氏故老，豈能妄造？擊出十丈，步行水面之誇飾，固不足信，而蔣師事王之說，必有由來。即其言蔣氏授陳長

興，今雖難得其他證據，亦不至憑臆虛構。參合諸說，可見蔣僕與蔣發，絕非一人，而王宗岳之武技，在當時固籍籍於陳溝人口耳間也。

李亦畬太極拳小序說第十七

李亦畬太極拳小序云：太極拳不知始自何人，其精微巧妙，王宗岳之論，詳且盡矣。後傳至河南陳家溝陳姓，神而明者，代不數人。我郡南關楊某，愛而往學焉，專心致志，十有餘年，備極精巧。旋里後，市諸同好，母舅武禹襄見而好之，常與比較，伊不肯輕以授人，僅能得其大概。素聞豫省懷慶府趙堡鎮有陳姓名清平者，精於是技。逾年，母舅因公赴豫省，過而訪焉，研究月餘，而精妙始得。

按，文中南關楊某，謂楊露蟬，所以不舉其名，則有由也。初，溫縣陳氏有太和堂藥肆在廣平（廣平府治即永年縣治所在），主人命於廣平購兩僮，露蟬即其一，以是至陳家溝。

太和堂主人，陳家溝之巨室也。延有武師，課其子弟，武師即其族人陳長興也。露蟬久侍長興，得窺授受，頗悉其意。會有新從學於長興者，有間未達，露蟬偶為指說，長興聞而異之，詢之，功力已可觀。長興喜其敏，使竟所學，復言於主人，予銀五十兩遣歸，曰：爾恃技可自給矣。

露蟬歸永年，寓居太和堂，太和堂宅主武禹襄兄弟三人，皆好拳技，聞露蟬拳技之妙，折節與交，露蟬以武氏為邑中望族，亦傾心結納，禹襄遂亦深通太極之理。猶以為未足，將如陳溝問學於長興，途次趙堡鎮，逆旅主人冀其多留，可獲食宿之資也，則告之曰，此間有陳清平者，藝出長興右。盍試謁焉，禹襄大喜，往見，乃知長興所習者為老架，清平所習者為新架。與談理法，頗出於露蟬所知外，遂留趙堡，從學於清平，月餘，盡通其術，自是與露蟬分途矣（以上事永年縣老輩拳家多知之，陳家溝人及北平拳家亦有知之者）。

顧禹襄、露蟬雖交合無間，而流俗之見，則猶以露蟬出於寒微為恥，曾不知匡衡西漢名相也，不諱傭作；承宮東漢大儒也，不諱牧豕；至於近代，汪紱畫陶，凌曙賣餅，皆名成業就，為世所尊。

露蟬居僮僕之間，留心技術，卒能自致青雲之上，以武藝名，斯正足以見其資稟之超逸，而又何諱焉？亦畬為此序不欲舉露蟬之名，又為飾其事狀，毋乃囿於俗見，而未達古今奇士之行歟，將楊氏以為諱，故亦畬未可訟言歟。

其後孫祿堂作《太極拳學》，僅取亦畬五字訣，而去其小序，豈不欲令武學於楊之語，流布於外歟？將李序不言出於張三豐，適與孫氏所見相左歟？夫弟子不必不如師，師不必賢於弟子，韓愈言之矣。正使禹襄曾師事露蟬，亦不必諱，況本為朋友，而非師弟乎。

至李序不溯張三豐，正宜表而出之，以破謬說。孫乃不取李序，反從附會之言，何其傎歟？余恐覽者不識其由，將曰：楊某既為露蟬，李序何以隱之?亦畬既有小序,孫書何以不載?故為是說,釋疑解惑,但求事實昭晰,非有抑揚之見也。

正杜、武之誤第十八

陳鑫所著《太極拳圖說》,末附杜育萬補入歌訣一篇。謂述蔣發受山西師傳者,即武氏所撰《一舉動周身俱要輕靈》一篇,唯將此篇分為四節,每節攝以七言一句,其前總以四言韻語云:「筋骨要鬆,皮毛要攻,節節貫串,虛靈在中。」

吾嘗以問陳君子明,子明曰:「此楊氏之學大行,學者轉襲彼說,又附益之,非陳氏所本有,杜育萬乃今人,未嘗深考其源也。」陳君此言甚是,此文明明為武禹襄所撰,吾前既備列證據矣,謂蔣發受山西師傳,顯然誣妄。唯武氏譜由楊氏而流布,則子明所云轉襲楊氏者,誠的論也。

《廉讓堂本太極拳譜・附錄》第一篇，為武禹襄先生行略，禹襄孫萊緒所撰也。此文作於民國二十三年，文中有云：「太極拳自武當張三豐後。雖善者代不乏人，然，除山右王宗岳著有論說外，其餘率皆口傳，鮮有著作。先王父著有太極拳解、十三總勢說略，復本心得，闡出四字訣，使其中奧妙，不難推求。」

按，萊緒謂禹襄著太極拳解、十三總勢說略，則是謂傳自張三豐，則與李亦畬說，顯相背馳。李氏先於萊緒數十年，猶聞陳武兩家之傳述。萊緒此文，作於近年，當楊派太極拳盛行之後，附會神仙，復為人情所樂從，故雖武氏子孫，亦不求其端，不考其實，於流俗盛傳之語，直襲用而不疑矣。

上列兩事，足以淆亂視聽，或將據杜氏之文，謂譜亦陳氏所本有，非由武秋瀛得諸鹽店，武禹襄加以推演者。或將據武萊緒之言，謂傳自張三豐，亦武氏之緒言，非由楊氏之徒所附益，則大謬於事實，故為辨正之如此（按，武氏不言太極拳出於張三豐，廉讓堂本中武、李之著述可證，郝氏所藏李亦畬手寫本及逘錄本可證，此皆前於萊緒者。豈此三證舉不足信，而萊緒一人之言，轉可據乎？陳氏之書，如陳鑫之圖說，子明之拳械彙編，及所見文修堂兩儀堂舊抄本，皆無杜育萬所補之歌訣，豈此數書舉不可據，而杜育萬所補者，轉可信乎。以此釋思，則杜武之誤，亦復易見）。

答難第十九

難曰：子於楊露蟬往陳家溝事，既不據亦畬之言，於王宗岳授太極於陳氏，獨據亦畬之言，而不信陳子明語，何也？子之所憑信，較古之遺言也。而於武禹襄之釋長拳，謂為望文生義，何也？若此去取任意，毋乃漫無標準乎！

應之曰：此正吾之標準有定也。夫參驗必徵之以事，稽決必揆之以理，苟事協而理得，則雖所見不同者之言，吾有取焉。如唐豪據《陰符槍譜》，推明王宗岳為乾隆時人，吾亦以為然。何者？舉證確鑿也。事有可疑，理或難解，雖本師之言，吾亦不從。如月如先生以太極拳白話歌，為其父所作，吾不敢附。何則？郝公固非嫻於文詞者也。

今更就子所難而一答焉。楊露蟬家本寒微，無端往陳溝習拳，遲留十數年之久，將治生之謂何，何以不慮衣食耶？且學拳亦安有專從一師，絕無他事，至十數年之久乎？揆之以理，必不可通。謂楊以僮僕往河南，徵之以事，則告我者非一人，李亦畬不肯顯舉其名，夫豈無由，以此參驗，固已可信；揆之以理，又當於情。故知露蟬為學拳而往陳溝，乃諱飾之辭也。

太極拳論作於王宗岳，各家無異辭，顧太極拳之名，與陰符槍命名之義趣相類，與長拳、炮捶等命名之義趣不相類，則太極拳出於王而不出於陳，其證一矣。

陳氏拳譜，多言拳架，即言理法，語亦粗澀而不明暢。王宗岳拳譜，專言理法，不涉拳架，其詞又皆條達。打手歌陳溝雖亦有之，詞不一律，又或不全，論其文致與王譜合，與陳氏歌訣不類，明是陳得諸王，其證二矣。

太極又稱十三勢，以較陳溝本有之十三杆、十三刀，義不相合，苟非出於宗岳，陳溝拳法，無此類例，其證三矣。

謂太極造自陳王廷，王廷既未明言，陳氏家譜舊注，復無此說，必謂陳溝自王廷以後，不學外來拳術，理既難通，按之舊籍，反證疊見，以此參稽，亦畬之言，無復可疑。至長拳一說，所以不從武氏者，緣太極與十三勢，一言其體，一言其用，何用更立長拳之名？考之戚氏拳經，既有取於長拳，揆之陳溝長拳，歌訣名色，復多相合，是長拳由來甚古，初無太極拳之名，其證一矣。

陳溝太極拳架，與楊、武之拳架，名色序次，猶多相同，以較長拳歌訣，則名色之多寡既異，序次又不相合，長拳本非太極，其證二矣。

然武氏之語，非無由來，故吾於武氏之說雖謂為望文生義，亦疏明太極長拳所以混同之由，所舉之由，復可與諸說相應，使王廷舊緒，宗岳新傳，兩有歸宿。凡此皆分析以考其異，綜合以會其通。

劉勰云：「同之與異，不屑古今，擘肌分理，惟務折衷」，不妄撰此書之用心，亦若是而已矣。

太極拳考信錄中卷輔論竟。

下卷

文徵

陳氏拳械譜一

陳君子明示予以舊抄本數種，其中兩冊為最要，此兩冊一題器械業集，陳兩儀堂記；一題文修堂本。餘或全錄《紀效新書》中《拳經》、《槍法》、《棍法》等篇，或為《大刀》、《雙刀》、《雙鐧》、《雙劍》等歌訣。今以器械悉見於拳械彙編，故先就兩冊中錄其拳架各篇，及其器械名稱，足資考證者。

頭套十三勢拳歌

懶插衣，單鞭，護心拳，拗步，前堂拗步，庇身打一錘，出手喝一聲，朝陽肘，一腳，倒捲紅，六封四閉，拗步閃通背，雲手，抱頭推山，高探馬，左右插腳，中單鞭，鋪地錦，二起，跟子，演手，躐拳擒手，六封四閉，前照，後照，野馬分鬃，一堂蛇，金雞獨立，倒捲紅，六封四閉，拗步，通背，雲手，抱頭推山，高探馬，十字腳，猿猴看果，單鞭，七星，挎虎，拗步，當頭炮。

三套拳

懶插衣，單鞭，護心拳，前堂拗步，操手，單鞭，倒捲紅，拗打通背，炮錘，單鞭，插腳，莊炮拳，單鞭，二起，跟子，掩手，紅拳，左插腳，庇身，指襠，七星，五指轉還，左右拗步，攬手，操步，單鞭，左插腳，倒捲紅，拗步。

四 套

懶插衣立勢高強，喇下單鞭鬼也忙，出門先使翻炮（震按，此句脫一字，據文修堂本翻字下有「花」字是也），望門簪去逞豪強，反堂杠後帶著掩手紅拳，騎馬勢下連著窩弓射虎，左拗步十面埋伏，右拗步誰敢爭鋒，庇身拳勢如壓卵，指當勢高跳低崩，金雞獨立且留情，護心拳八面玲瓏，六封四閉插難容，轉身劈打勢縱橫，上一步二換跟打，倒過面左右七星（「倒過面」文修堂本作「倒回來」），翻花炮打一個孤雁出群，下插勢誰敢立攻，翻花舞袖妙長虹，分門杠去求殘生，轉腳一錘打倒，兩腳穿杠難停，舞袖一推往前攻，回頭當陽炮沖（震按，文修堂本「回」上有「急」字）。

五套拳歌

懶插衣，單鞭，護心拳，前堂拗步，回頭庇身，指襠，七星，大棹炮，抽身打一炮，雁窩拗攔肘，大紅拳左山右山，左衝右衝，演手紅拳，拗步單鞭，插腳，擺腳，一堂蛇，金雞獨立，朝天蹬，倒捲紅，拗步，單鞭，通背，雲手，高探馬，十字腳，猿猴看果，單鞭，七星，挎虎，拗步，當頭炮。

二套炮捶十五紅十五炮走拳

（震按，文修堂本題作炮錘架子十五紅十五炮走拳心用）

懶插衣，單鞭，護心拳，前堂拗步，回頭庇身，指襠，斬手炮，翻花，舞袖，演手紅拳，拗攔肘，大紅拳，玉女攢梭，倒騎龍，連珠炮，演手紅拳，上步左右裹鞭炮，獸頭勢，劈架子，演手紅捶，伏虎勢，回頭抹眉紅，左右黃龍三攪水，前衝後衝，演手紅捶，上步轉脛炮，演手紅捶，全炮捶，演手紅捶，上步倒插，朵二紅，抹眉紅拳，上步當頭炮，變勢大掉炮，斬手炮，順攔肘，窩裏炮，井欄直入勢。

震按，上文據兩儀堂本錄出，其次序及文字，悉依原書。如二套列於最後，錘捶互見，掩手或作演手，二套大掉炮五套作大棹炮，又如或稱歌

而實止架勢名目，或為歌訣而不題歌字，並仍而不改，存其真也。

太極拳

太極拳，一名頭套拳，一名十三勢，即十三折，亦即十三摺也。

護心捶，懶插衣，單鞭，護心拳，白鵝亮翅，摟膝拗步，一收，邪行拗步，再一收，前堂拗步，演手紅捶，護心捶，回頭庇身捶，演手背折靠（一名袖裏一點紅），肘底看拳，倒捲紅，白鵝亮翅，摟膝拗步，閃通背，演手紅捶，單鞭，雲手，高探馬，左插腳，右插腳，回頭蹬一根（一名懸腳提耳），栽一捶（原注，老拳此處有鋪地錦），二起，分門杠，下有護心拳（震按，此五字似亦指老拳說，應作小注也），踢一腳（震按，原書此勢下有懸腳提耳五字，以墨筆抹去），蹬一根，掩手紅捶，小擒拿（原注，即拍肚掌），抱頭推山，單鞭，前照後照，野馬分鬃，單鞭，玉女穿梭，懶插衣，單鞭，雲手，擺腳跌叉，金雞獨立，朝天蹬，倒捲紅，白鵝亮翅，摟膝拗步，閃通背，演手紅捶（震按，此四字原本注於閃通背旁，又用墨抹去），單鞭，雲手，高探馬，十字腳，指襠捶，黃龍攪水，單鞭，鋪地錦，上步七星，下步跨虎，雙擺腳，當頭炮。

震按，上文亦據兩儀堂本，與以上所錄之五節，字出一手，紙色亦一律。然，其名目之多寡，與前所錄頭套十三勢拳歌，小有不同，故仍復錄之，以備參考。

二套錘

懶插衣，單鞭，護心拳，前堂拗步，指襠，斬手，翻花，舞袖，演手，腰攔肘，倒捲紅，連珠炮，演手，左裏鞭炮，右裏鞭炮，獸頭勢，劈架子，演手，回頭抹眉紅，左衝，右衝，演手紅拳，轉膽炮（原注，一名掃腿），演手，倒插，抹眉紅，下步當頭炮，變勢大卓炮，順攔肘，窩裏炮，井攔勢。

太極拳

懶插衣，單鞭，白鵝亮翅，摟膝拗步，一收，斜行拗步，一收，前堂拗步，演手，金剛搗碓，披身，出手，朝陽肘，倒捲紅，白鵝亮翅，邪行拗步，閃銅牌，演手，單鞭，雲手，高探馬，右插腳，左插腳，往後打一錘，二起根子，獸頭勢，踢一腳，蹬一腳，演手，抱頭推山，單鞭，前照，後照，野馬分鬃，單鞭，玉女攢梭，懶插衣，單鞭，雲手，擺腳，一堂蛇，金雞獨立，朝天蹬，倒捲紅，白鵝亮翅，斜行拗步，閃銅牌，懶插衣，單鞭，雲手，高探馬，十字腳，指襠，青龍出水，單鞭，上步七星，下步跨虎，當頭炮。

震按，右兩則亦在兩儀堂本中錄出者，但與前所載太極拳及頭套二套名目，又小有出入，考書中有四頁，紙較黃而粗，字體亦與前後各頁不同，此兩則即載在四頁中者，蓋四頁非兩儀堂本所原有，裝訂者誤合之也。

頭套錘拳架

懶插衣，金剛大搗碓，單鞭，一收，金剛大搗碓，斜上一步，六封四閉，邪行腰步，摟膝，十字單鞭，一收，蹦堂，邪行拗步，摟膝，十字單鞭，一收，又前堂，邪行拗步，摟膝，十字單鞭，一收，前跳一步，金剛大搗碓，伏虎，護心錘，轉臉，肘底看拳，倒捲紅，六封四閉，邪行拗步，摟膝閃同碑，單鞭，雲手，高探馬，左右插腳，中單鞭，回頭蹬一腳，跳一步，點一錘，轉臉二起插腳，上一步，分門莊回頭左踢一腳，空後蹬根左右拍膝，袖裏一點紅，回頭豹虎推山，拖身錘，抽身後跳一步，雙跌腳，玉女攢梭，閃同碑，單鞭，雲手，跌叉、金雞獨立，倒碾紅，六封四閉，邪行拗步，摟膝閃同碑，單鞭，雲手，高探馬，十字腳，指襠錘，單錘攔打，右裏七星，回頭看花，小擒拿，單鞭，左外七星，白鵝掠

翅，雙手擺腳，當頭炮，終。

二套錘三套錘失傳。

右此頭套錘攀架，如能熟練純習，就能生巧，只要日夜加功，如若董（震按，字當作「懂」，今仍原文），內中情理使手，可為教師。

震按，右頭套錘拳架及附記兩條，均自文修堂本中摭出，與兩儀堂本中所謂十三勢太極拳之名目，大致相同，唯此本附記既言二套錘三套錘失傳，而於此頭套錘拳勢之前，復載有四套錘勢五套錘拳勢兩章，其名目與見於兩儀堂本者同，所異者數字耳。

又有「炮錘架子十五紅十五炮走拳心用」一章，其名勢亦與見於兩儀堂本者同。唯兩儀堂本於炮錘架子上有「二套」二字，而文修堂本無之，且言二套三套失傳。則文修堂本不以炮錘架子十五紅十五炮走拳當第二套，且其序次乃在第五套後，亦有可疑。嘗聞郝月如先生曰：陳家溝頭套拳為太極，王宗岳所傳也，二套為炮錘，陳家溝原有之拳法也。今參稽各本，似太極拳架為王宗岳所審定，故大體一致。其二套以下，又為後來續編，故或以炮捶當二套，或又別編二套，蓋在陳溝，其說亦不一致，而其情實，頗可推知云。

短打

裏抱頭推山，破抱頭推山，裏順水推舟，破順水推舟，裏推山塞海，破推山塞海，裏順手穿心肘，破順手穿心肘，裏鐵翻杆，三封打耳，拐裏拱手，外丟，騰手裏打，裏丟手，斬手，外靠裏打，外童子拜觀音，單鸞炮，袖裏一點紅，順手搬打破拗手搬打（震按，一本作順手搬打破順手搬打），破順摺手倘風，閉門鐵扇子破拗摺手倘風（震按，一本作拗摺手擋風破拗摺手擋風，閉門鐵扇子，據上句順手搬打破拗手搬打之例，此文當作順略手倘風破拗略手倘風。閉門鐵扇子一句，當如一本，在破拗略手倘風之下，今本傳抄訛誤，句又顛倒），裏丟手抽梁換柱，裏丟手外壓靠

打，順手上肘率掌，拗手壓手上肘率掌，猿猴開鎖，喜鵲過枝，順手搬打橫莊，雁子浮水，破順手搬打橫莊。

震按，右文據文修堂本，陳子明拳械彙編本題為短打後段。又陳子明本云，以下一名散手，考兩儀堂本有題為散手者一章，與文修堂本此章之後段相同，唯此本則分為二章耳。又兩儀堂本無「雁子浮水，破順手搬打橫莊」兩句，震謂順手搬打橫莊與破順手搬打橫莊，兩勢相承，不應中忽雜入雁子浮水一勢，疑此「雁子浮水」四字，涉下文散手中第二句雁子浮水而誤衍，或兩儀堂本無此兩勢者為是，此本兩句，皆衍文也。

散手

拗手搬打橫莊，雁子浮水，橫攔肘，穿心肘，拗攔手，推面抓拿，烏龍入洞，朝天一炷香，封閉捉拿，裏靠，外靠，十字靠，飛仙掌，搶拳，推心掌，推面掌，搭掌，推肚跌，攔手外撒腳跌，柱杖撩鉤，軟手提袍，斬手，回手，推打，滾手，壓手，推打，拿手，拍手，採打，斬手，滾手，撩手，高挑低進，拗攔掤打，低驚高取，火焰攢心，横直披砍。拗捁手，外拴肚，不遮不架，鍾魁抹額，束手解帶，烈女捧金盒，孫真治虎，王屠捆豬，張飛擂鼓，拿鷹膝，破王屠捆豬，泰山壓頂，扭羊頭，掐指尋文，摧指抓掌，小坐子，搬腿，後坐子，滕腿法，鉤腿法，鉤腳法，撒腳法，順手，裏丟手，壓手，滕手，外靠，裏抓跌，拗手，丟壓手，騰手，捁手，丟手，捁手，十六字字跌（震按，文修堂本作十字跌），丟手，外壓手，横攔肘，撒手，丟手，搬手，裏靠，撒腳跌，柱杖靠打，丟手，攔手，封搬手，三封打耳，黑虎叨心，破高挑低進用壓手，横攔肘，丟打，捁手，按頭掃腳，往裏跌，捁手，上後手，推面拍掌，拿手跌，捁手，倘風拍手，推打跌，丟手，攔手，串打，壓手，靠打，丟打，壓打，捁捧肘，望前率跌破用千斤贅，下帶滕跌。

震按，上文據兩儀堂本，文修堂本則與上章短打連寫，且於下帶滕跌

下，尚有「金蟾脫殼跌野馬上槽乃走場」十二字。

亦是短打

迎面飛仙掌，順手飛仙掌，裏丟手，閉門鐵扇子，霸王硬開弓，果邊炮（震按，陳子明據別本作「裏邊炮」是也），單鸞炮，前手順前腳往裏打踵天炮（震按，陳子明據別本作前手順，前腳亦順，往裏打沖天炮是也），左手順左腳一順往上踵打（子明據別本「一」作「亦」，「踵」作「撞」，是也），單鞭救主，打胳膊肚與胳膊根。

震按，右據文修堂本，陳子明本題作短打前段，列於短打一章之後，文修堂本既以短打與散手連寫，而此章又在散手後，故題作《亦是短打》，兩本孰是，今無由證明也。

小四套亦名紅拳

太祖立勢最高強，丟下邪行鬼也忙，上一勢先打一個金雞獨立，下一勢刀對鞘死立當場（震按，似當作「立死當場」），懶插衣往裏就採，護心拳蓋世無雙，喝一聲小擒休走，一條鞭打進不忙，滾替腳眼前遮掛（震按，「替」當作「踢」，音轉作「替」誤也），當面拳死在胸膛，上三路打一個黃鶯拿膝，下三路抓神沙使在臉上，即便抬腿轉隳腰環，二龍戲珠賽神槍，跟子就起忙把頭藏，雀地龍，按下，急三錘打進著忙，上一步打一個蛟龍出水，下一步再打個正應情莊，騎馬勢轉步吊打虎，抱頭去時推山人也難防，要知此拳出何處，名為太祖下南唐。

擠掤縷捺須認真（震按，「縷」當作「摟」，今不改），上下相隨人難進，任他巨力人來打，牽動四兩撥千斤。

震按，右文見兩儀堂本。又按，末後韻語四句，陳氏書中亦不盡同，

其見於陳品三氏所著《太極拳圖說》者曰：「掤攦擠捺須認真，引進落空任人侵，周身相隨敵難近，四兩化動八千斤。」其見於陳子明據別本抄出者，題為《擠手歌訣》，其辭云：「掤攦擠捺須認真，周身相隨人難進，任人巨力來攻擊，牽動四兩撥千斤。引進落空合即出，沾連粘隨就屈伸。」以此三處所載，較之武氏拳譜，又有異同，蓋在陳溝，初只十口相傳，久而稍異，及各據所聞，筆之於書，遂不能悉合也。

拳勢總歌（震按，此篇陳子明拳械彙編作長拳歌訣，文修堂兩儀堂二本皆有。茲以文修堂本為主，其兩儀堂本文字異者，附注於下）。

一百單八勢（兩儀堂本無此五字）

懶插衣立勢高強，去下腿出步單鞭（兩儀堂本「去」作「丟」，「出步」作「拉開」，以後不重出兩儀堂本三字，凡有異文，皆據兩儀堂本也），七星拳手足相顧，探馬拳太祖留傳，當頭炮勢衝人怕，中單鞭誰敢當先，跨馬勢挪移發腳（腳作足），拗步勢手腳和便（點足勢手足活便），獸頭勢如牌挨進，抛架子短打休延，抓身炮下帶著翻花舞袖（「抓」作「孤」），拗鸞肘上連著左右紅拳，玉女攢梭倒騎龍，連珠炮打的是猛將雄兵，猿猴看果誰敢偷，鐵樣將軍也難走（「樣」作「甲」），高四平乃封腳套子（無「乃」字），小神拳使火焰攢心，斬手炮打一個順鸞藏肘，窩裏炮打一個井攔真人（人作入，震按，二套炮錘十五紅十五炮走拳之末，為井攔直入，則此處宜作直入。作真人者，誤也），庇身拳吊打指當勢（「當」作「襠」），剪臁竭膝金雞獨立（「竭」作「踢」），朝陽起鼓，護心拳專降快腿，貼肘拳逼退英雄（「貼」作「拈」），喝一聲小擒休走（「喝」作「嚇」），擒下有拿字），拿鷹捉兔勁開弓（「勁」作「硬」），下插勢閃驚巧取，倒插勢誰人敢攻（此句脫），朝陽手遍身防腿，一條鞭打進不忙，懸腳勢誘彼輕進（「腳」作「腿」），騎馬勢衝來敢當（「敢」作「誰」），一霎步往裏就蹉（進一步手往裏蹉），抹眉紅蓋世無雙，下海擒龍（海下有先字），

上山伏虎（山下有「再」字），野馬分鬃（馬下有「自」字），張飛擂鼓（飛下有「善」字）。

雁翅穿躔一腿（「躔」作「襠」），劈來勢八步連心（無「勢」字，「八」作「入」），雀地龍按下，朝天鐙立起（雀地龍按下朝天鐙），雞子解胸（鳳凰展翅善解胸），白鵝掠翅，黑虎攔路，胡僧托缽，燕子啣泥，二龍戲珠，賽過神槍，邱劉勢左搬右掌，鬼蹴腳捕掃前後（鬼上有「小」字），轉身紅拳，霸王舉鼎（「身」作「上」），韓信埋伏，左山右山，前衝後衝，觀音獻掌，童子拜佛，翻身過海，回回指路，敬德跳澗，單鞭救主，青龍獻爪，餓馬提槍（餓馬踢鈴），六封四避（「避」作「閉」），金剛搗碓，下四平秦王拔劍（無「王」字），存孝打虎（兩儀堂本有小注云：鑒書上李存勖俗言孝），鍾魁仗劍（「仗」作「掌」），佛頂珠，反堂莊（「莊」作「杠」），望門簪，演手紅拳，下壓手，上一步封避捉拿（「避」作「閉」），往後一收，推山二掌（推心仙掌），右轉身紅拳右跨馬（左轉身），左轉身紅拳左跨馬（右轉身紅拳右跨馬），右搭袖左搭袖（無「右搭袖」三字），回頭摟膝拗步，紮一掌轉身三請客（打一掌轉身三請諸葛亮），掩手紅拳，單鳳朝陽（單字上多「雙手架梁轉身紅拳」八字），回頭高四平（高下有「來」字），金雞曬膀，托天叉，左搭眉，右搭眉（兩「眉」字並作「肩」），天王降妖，上一步鐵翻杆，下一步子胥拖鞭，上一步蒼龍擺尾（無「上一步」三字），雙拍手（「手」作「掌」），仙滴乳（仙下有「人」字），回頭一炮，拗攔肘，躲子二紅（無此三句十一字），仙人捧盤，夜叉探海，劉海捕蟾（「捕」作「戲」），玉女捧金盒，丟手（「丟」作「撇」），收手，刷掌（「掌」作「手」），搬手，推手（下多「演手」二字），真符送書（「真」作「直」），回頭閃通背，打一窩裏炮（無「裏」字），掩手紅拳，回頭左插腳（無「左」字），五子轉還（五子轉換炮），鬢邊邪插兩枝花，收回去雙龍抹馬，窩裏炮誰攻（窩裏一炮誰敢當），當一

步邀手不叉（上一步邀手不差），摟膝一拳推倒，收回交手可誇，招上顧下最無家（無此七字），偷腿一腳跐殺（偷腿一腿打他回），吉三錘打如風快（「吉」作「急」），急回頭智遠看瓜，往後收獅子抱球（「後」作「前」，「球」作「毬」），展手一腳踢殺（展手一腳踢死他），回頭二換也不差，真攢兩拳（「真」作「直」），轉回身護膝勢當常按定（「常」作「場」，「定」作「收」），收回看肘並看花（回著肘並看花），誰敢當吾大挺立下（「大挺立下」作「大棹炮」），上一步蛟龍出水（「上一步」作「上步打」），後一打反身情莊（退一步背後肘反打鐵杠），急三錘往前掤打，開弓射虎誰不怕（開弓勢虎皆怕），收回來馬前斬草，上一挑又帶紅沙（「挑」作「跳」，「帶」作「代」），喇回按定滿天星，誰敢與吾交手，熟習善悟者不差（千斤贅下去襠如土委地，滿天星精此藝誰敢與吾比並）。

五擱手。

一按，二難，三悲，四靠，五掃。

六攄手。

一搶，二鸞，三爭，四難，五肘，六拍。

六六三十六勢滾跌。

（騰手）一亢、二扠、三擱、四靠、五撒、六邀。

（白馬臥攔）一臥、二靠、三坐、四撒、五掛、六爭。

（裏鸞手）一難、二拿、三肘、四拍、五按、六搭。

（外鸞手）一搶、二拜、三肘、四攄、五掃、六扠。

（裏擱手）一悲、二靠、三採、四膝、五按、六掛。

（外擱手）一按，二難、三悲、四靠、五掃、六攄。

震按，五擱手六攄手六六三十六勢滾跌，皆兩儀堂本所無，文修堂本附於拳勢總歌之後，今一仍其舊。

拳經總歌

縱放屈伸人莫知，諸靠纏繞我皆依，劈打推壓得進步，搬撂橫採也難敵，鉤掤逼攬人人曉，閃驚取巧有誰知，佯輸詐走誰云敗，引誘回衝致勝歸，滾拴搭掃靈微妙，橫直劈砍奇更奇，截進遮攔穿心肘，迎風接步紅炮錘，二換掃壓掛面腳，左右邊簪莊跟腿，截前壓後無縫鎖，聲東擊西要熟識，上龍下提君須記，進攻退閃莫遲遲，藏頭蓋面天下有，攢心剁脇世間希，教師不識此中理，難將武藝論高低。

震按，上文據兩儀堂本，文修堂本無之。

桓侯張翼德四槍

上平槍（面紮），右脇一槍（背紮），下部一槍（丹田氣海），鎖咽喉槍（面紮）。

震按，此與武氏拳譜中槍法一條，大致相同，文字小異，蓋武氏傳其槍法，而名目則僅憑口授，故記述時不盡同也。

震又按，此為兩人對搭之槍法。

拾三槍

青龍出水，童子拜觀音，餓虎撲食，攔路虎，拗攔槍，橫掃眉，井欄倒掛，中心如對，俊鳥入巢，面披，背纏，面披，背砰，白猿拖槍，黃龍占杆，又名黃龍三攪水，懷中抱月。

震按，右槍法兩條，皆據兩儀堂本，尚有記十三槍一條。與上條小異，且有小注，錄之如後。

青龍出水，童子拜觀音（一名古樹盤根），餓虎撲食，攔路虎，拗攔槍，斜披，橫掃眉，井欄倒掛，中心如對，俊鳥入巢，面披背纏，面披，背砰，白猿拖槍，面披，懷中抱月（即抱琵琶勢）。

單刀歌

青龍出水，風捲殘花，白雲蓋頂，黑虎搜山，蘇秦佩劍，金雞獨立，迎風滾避，腰斬白蛇，日套三環，撥雲望日，白蛇吐信，懷中抱月。

震按，右單刀名目，見兩儀堂本。

陳氏拳械譜二

陳君子明所編《陳氏世傳拳械彙編》，於陳溝拳械架勢名稱練法歌訣等，搜羅略備，今捃錄之，以便參考，其已錄自兩儀堂者，則不復抄納也。

擠手練法

甲、定步擠法：（一）順步；（二）拗步。乙、換步擠法：（三）單步；（四）雙步。丙、活步擠法：（五）顛步；（六）大攄。

擠手成法

掤、擸、擠、捺、採、挒、肘、靠。

金剛十八拿法

霸王請客，燕青捉肘，蘇秦背劍，王屠捆豬，倒沾金，金蟾脫殼，千斤墜，白猿獻肘，千斤大壓梁，獅子倒扳樁，鎖頂奈法，金絲纏瓠，左右推醋瓶，隔席請客，白馬臥欄，仙人脫衣，呂公解絛，鐵翻杆。

單刀名稱

青龍出水，風捲殘花，白雲蓋頂，黑龍捲山，蘇秦背劍，金雞獨立，迎鋒滾避，腰斬白蛇，日套三環，撥雲望日，白蛇吐信，霸王舉鼎，懷中抱月。

震按，觀此，則兩儀堂本抄時脫去「霸王舉鼎」。其餘廉讓堂本十三刀法，名目小異者，此固不載於王宗岳拳譜，武禹襄得諸陳氏，由於口授，故記其名目，不免歧異也。

雙刀名稱暨歌

野馬分鬃實無比，停刀變勢攬擦衣，上三刀砍個白雲蓋頂，急回頭拗步翻身，第三回砍一個雁別金翅，第四回砍一個孤雁出群，第五回朝陽刀人人駭怕，轉身就砍左插花，第六回重上朝陽最為佳，下勢就砍右插花，

第七回砍個白蛇吐信，第八回再砍個古樹盤根，羅漢降龍人不識，衝天並起雙插花，霸王舉鼎甚可誇，轉身兩刀更無價，左右片馬刀法巧，坐山一刀把人拿，刺心摘膽人人懼，轉紮兩刀露技能，炮架子當頭下勢，抽身就變倒騎龍，任他極力硬來攻，怎當我左右刀重。

雙劍名稱

銀蟾出海，匹馬單鞭，鱗魚疊脊，定勢、翻花舞袖，捧一劍卸一劍，左撒手劍，韓信埋伏，轉身背殺手劍，轉身當頭炮。

雙鐧名稱

朝陽鐧，左翻花打，右翻花打，全舞花，急三鐧，錦雞曬風，全舞花下勢，四門鐧，半個舞花，護心鐧，美女紉針，轉身打一鐧，翻身打一鐧，倒騎龍下勢。

四搶對扎法

一、彼用上平槍扎我門面，我進步從大門回引一槍。
二、彼又用上平槍扎我左脇，我從小門背引一槍。
三、彼從大門下扎我左脇（震按，當作腿），我亦一面避引一槍。
四、彼又起槍望我咽喉扎來，我從大門引一槍。
此四槍以退步扎，以進步避，彼此循環，退扎進避練法。

八槍名稱

面披，背纏，絞一槍，掃堂，橫掃眉，面纏，背揙拖槍，面披。

八槍對扎法

一、彼方用槍從大門來扎我心，我面披彼一槍。

二、彼從小門來扎我左脇，我背纏彼一槍。
三、彼從大門來扎我左腿，我接住彼槍，連絞帶纏一槍。
四、彼又從大門來扎我咽喉，我面彼一槍（震按，「面」下脫一「披」字）。
五、彼從小門來扎我左脇，我背纏彼一槍。
六、彼從大門來扎我腹，我面披彼一槍。
七、彼從小門來扎我脇，我背崩彼一槍，即拖槍回走，眼神回注彼槍。
八、彼追及迎面扎來，我面披彼一槍，要持槍不離中門，即以上平槍扎彼咽喉。

十三槍名稱

青龍出水，童子拜觀音（一名古樹盤根），餓虎撲食，攔路虎（一名拗攔槍），斜披橫掃眉，中心入對（一名井攔倒掛），俊鳥入巢，面纏背崩，黃龍三攪水，面披，背崩，白猿拖槍，面崩懷中抱月（即琵琶勢）。

震按，此十三槍名稱，較見於兩儀堂本者為整齊，彼有重複之名稱，及誤分之架勢名目也。

二十四槍名稱

夜叉探海，中平槍（即四夷賓服），上平槍（即指南針），下平槍（即十面埋伏），青龍獻爪，邊欄槍，黃龍點杆，裙欄槍（即跨劍勢），地蛇槍（即鋪地錦勢），朝天槍，鐵牛耕地，滴水槍，上騎龍，猿猴拖槍，抱琵琶，靈貓捉鼠，泰山壓卵，美女紉針，蒼龍擺尾，刺闖鴻門，六封槍，護膝槍，鷂子撲鵪鶉，姜太公釣魚。

二十四槍歌訣

夜叉探海人莫識，舞花槍去下中平，出門先扎上平槍，捲簾倒退且留情，下平暗定埋伏勢，滚地進來出青龍，青龍獻爪邊欄槍，纏捉往裏莫停留（震按，「停留」似應作「留停」方能協韻），黃龍點杆人難躲，花槍群欄下無情，回頭按下地蛇槍，衝天直刷往前攻，搖旗掃地朝天槍，再掃又下鐵牛耕，回頭滴水用提顛，拗步上去刺青龍，撥草尋蛇君復誌，白猿設計用拖刀，回來烏龍方入洞，青龍轉角實難攻，琵琶勢鉤掤進挫，高擎串扎勢難停，瞞天掠地快如風，靈貓捉鼠左右撲，轉身刺下又回頭，用鑽倒打人難避，順手往前又扎去，舞花擔山反背弓，泰山壓卵先立定，急演下扎紉針勢，蒼龍擺尾左右瞞天掠地掃，雷轉星飛直掩去，回頭捽地往前攻，抛槍去闖鴻門勢，舞花擔山掃一槍，忙又按下六封勢，花槍慢把膝來護，回頭一掃真無對，回身急把鵪鶉掩，撥草尋蛇人難拒，轉身殺下往前

走，低掩一槍直扎去，太公釣魚往下按，退後扎下誰敢戲，若問此槍名和姓，楊家花槍二十四。

二十四槍練法

一、全舞花；二、急三槍；三、卸下珍珠倒捲簾；四、顛腿擄一槍；五、上步捉一槍掃地刺；六、掩兩槍；七、挑一槍，扎一槍，半個舞花；八、回頭半個舞花；九、挑一槍，刷一槍，掩兩槍，左搖旗一掃；十、右搖旗一掃；十一、回頭半個舞花；十二、掩兩槍；十三、上步撥草尋蛇；十四、回頭烏龍入洞；十五、往前掩兩槍；十六、左撲右撲，轉身卸刺一槍，回頭打一根子，單手出槍，全舞花，二郎擔山，掩兩槍；十七、回頭半個舞花；十八、回頭半個舞花；十九、背後往前擋一槍，掃一槍，往右再擋一槍，往左再掃一槍，半個舞花，往前掩兩槍；二十、半個舞花；二十一、回頭掃一槍，半個舞花，玉女穿梭；二十二、回頭掃一槍，全舞花，掩兩槍；二十三、右擋一槍，轉身上腿挑一根子，扎一根，全舞花，二郎擔山，掃一槍，半個舞花；二十四，往前扎一槍，往後退一步，轉身扎一槍。

旋風棍名稱

黃龍三絞水，夜叉探海，二郎擔山，仙童拂扇，撒手橫打一棍，全舞花打一棍子，半個舞花急三槍，左旋上滴水，童子拂扇，撒手橫打一棍，半個舞花急三槍，左旋下滴水，童子拂扇，半個舞花，控袖翻身扎一棍。

盤羅棒訣語

棒遮雲頭世間稀，勢勢安排要伶俐，古剎登出少林寺，堂上又有五百僧，百萬紅軍滅佛教，悖羅在地顯神通，後邊撒手丟神棒，夜叉探海取人心，偷腳進步誰不怕，棒起空靈多變化，九宮八卦破天門，老祖留下六六

勢，三十六勢在中間，前有嵩山後有御寨，佛手賽過紅光玉，敢杜紅軍百萬兵，要知此棒出何處，盤羅留傳在邵陵。

盤羅棒練法

急三槍上去分鬃棍，轉身按下猛回頭，半個舞花，青龍獻爪，半個舞花，纏身一槍，朝天一炷香，上去蘇秦背劍，回來二郎擔山，轉身秦王摩旗，鐵門閂，全舞花，落勢地蛇槍，起身橫打一棍，鐵掃帚，全舞花，下滴水，回頭半個舞花，丟神棒，掃堂打一棍，全舞花，上去夜叉探海，搖一棍引手偷步，進一步，掩一槍，倒回來雞子翻身（震按，「雞」字似當作「鷂」），墜一腳，仙人捧盤，推上去，掛下去，按一棍，打一個何屠趕豬，往上單撒手，掩一棍，向頭上一根，轉身當一棍，往上單撒手，撩一棍，掩一槍，回頭半個舞花，攔一棍，按住出手，嚇一聲，上一根子，轉身再上一根子，回頭掛一根子，半個舞花，秦王摩旗，夜叉探海，從下頭橫掃一棍，回頭跨劍半個舞花，撩一根子，掛一根子，按下棒。

大戰朴鐮歌訣

未動必先使緣邊，然後一動下群欄，現鑽鉤掛雀地龍，翻江攪海解虎拴，混江龍空中獻爪，抓地虎就勢生風，一衝一擋上插花，二衝二擋下盤根，蒼鷹奪巢才出洞，丹鳳出窩四下聽，插花綠邊影身勢（震按，「綠」當為「緣」字之誤），鉤擄接拋大閃門，衝鋒稍倒取雙肘，雙手埋伏倒下披身勢，背後搜山群五虎，雙手連環戰六兵。

春秋刀訣語（一名偃月刀）

關聖提刀上灞橋，白雲蓋頂逞英豪，上三刀嚇殺許褚，下三刀驚退曹操，白猿拖刀往上砍，一掤虎就地飛來，分鬃刀難遮難當，十字刀劈砍胸懷，翻身一刀往上砍，磨腰刀回又盤根，左插花往上急砍，舉刀摩旗懷抱

月，舞花撒手往上磨，落在懷中又抱月，率刀翻身往上砍，刺回一舉嚇人魂，翻花往左定下勢，白雲蓋頂又轉回，右插花翻身往上砍，再舉青龍砍殺人，翻身往左定下勢，白雲蓋頂又轉回，接酒挑袍翻身猛回頭，十字分鬃直扎去，花刀轉下鐵門閂，捲簾倒退難遮避，花刀左右往上砍，十字一刀忙舉起。

楊氏太極拳譜（據龔潤田本）

楊氏太極拳譜，亦出於武氏，為其由楊氏流傳，故歸之楊氏，以別於武氏後定本耳。予友莊鏡人君在本溪，曾從龔潤田君習太極拳，此本即莊君於民國十二年寫寄者。楊氏之學，流布最廣，其可據以考見楊氏舊傳拳譜者，當以此本及陳微明、吳鑒泉三本，為近得之，在上卷第七篇楊、武兩家拳譜之異同中，已言之矣。茲以龔本為主，而以陳、吳兩本異文，記於其下（李先五本與吳本幾乎全同，不復及），間取楊本及郝本（即李亦畬手寫本），正其誤字，亦皆記於字下，不徑改也。

一舉動，周身俱要輕靈，猶（吳、陳本作「尤」）須貫串，氣宜鼓（吳、陳本作「鼓」）盪，神宜內練（吳、陳本作「斂」），無使有凸凹處（吳本「神宜內斂」下，尚有「無使有缺陷處」一句，在「無使有凸凹處」句之上），無使有斷續處。其根在於（吳、陳本無「於」字）腳，發於腿，主宰於腰，行（吳、陳本作「形」）於手指，由腳而腿而腰，總須完整一氣，向前退後，乃得機得勢。有不得機得勢處，身便散亂，其病在（吳、陳本「在」作「必」）於腰腿求之，上下前後左右皆然，凡此皆是意，不在外面。有上即有下，有前即有後，有左即有右。如意要向上，即寓下意，若將物掀起，而加以挫之之意（陳本作「挫之之力」），斯其根自斷，乃壞之速而無疑。虛實宜分清楚，一處自有一處虛實，處處總此一虛實也（吳、陳本無「也」字）。週身節節貫串（陳本同吳本「週」作

「周」）。勿（吳、陳本「勿」作「無」）令絲毫間斷耳。

右一篇，吳本亦列卷首，其下即繼以《十三勢》一篇，自「長拳者如長江大海滔滔不絕也」，至「進退顧盼定即金木水火土也」，合兩篇為一篇，而總題為《太極拳論》。以下方列王宗岳之《太極拳論》。又以前兩章既稱為《太極拳論》，則與王宗岳之《太極拳論》，題目重複，故改王宗岳之《太極拳論》為《太極拳經》。然經之與論，論宜在後，何以反列於前，理實難通。陳本次序，與吳本同，唯與王宗岳之《太極拳論》，合成一篇，而總題為《太極拳論》，異於吳本。蓋陳氏見兩章無題目，遂移王宗岳《太極拳論》一題於前，以總刮之。

據李寫本，則此篇應為《行功心解》之一，而《十三勢》別自為篇，楊氏拳譜取之武氏，而傳寫者亂其次序，後人不得其故，至移改題目，以就已說。龔本雖將此篇列於《太極拳論》之前，猶未妄加題目，亦未與

《十三勢》一篇混併，雖已非武氏舊次，尚有闕疑載疑之意，比諸吳、陳以意移改者較勝。

山右王宗岳先生太極拳論（原注，一名長拳，一名十三勢）

太極者，無極而生，陰陽之母也（吳本於「陰陽之母也」上，有「動靜之機」一句）。動之則分，靜之則合，無過不及，隨曲（陳本「曲」作「屈」）就伸。人剛我柔謂之走，我順人背謂之粘（吳、陳本「粘」作「黏」）；動急則急應，動緩則緩隨，雖變化萬端，而理為（陳本「理為」二字作「惟性」二字，於義難通。郝本「為」作「唯」，是也。作「為」者，音讀之誤）一貫。

由著熟而漸悟懂勁，而階及神明（吳、陳本於「而階及神明」上，有「由懂勁」三字。龔本無者，傳寫者脫之），然非用力之久，不能豁然貫通焉。須（吳、陳本「須」作「虛」，是也。龔本因音讀而誤）領（陳本

作「靈」）頂勁，氣沉丹田，不偏不倚，勿隱勿現（吳、陳本兩「勿」字皆作「忽」，是也，作「勿」者，傳寫之誤），左重則左虛，右重則右杳（吳本「杳」作「虛」，按，杳義同虛，作者蓋易字以助行文之趣，改為「虛」非也）；仰之則彌高，俯之則彌深；進之則愈長，退之則愈促；一羽不能加，蠅蟲不能落；人不知我，我獨知人，英雄所向無敵，蓋皆由此而及也。

斯技旁門甚多，雖勢有區別，概不外乎（陳本無「乎」字）壯欺弱，慢讓快耳。有力打無力，手慢讓手快，皆是（吳、陳本作「是皆」）。郝本與吳、陳本同，此本作「皆是」者，蓋傳寫誤倒）先天自然之能，非關學力而有為也（吳、陳本同，唯楊澄甫本無「為」字；郝本亦無「為」字，疑「為」字乃傳寫誤衍），察四兩撥千斤之句，顯非力勝；觀耄耋能禦眾之形，快何能為。

立如平準（「平」字各本皆同，考郝本「平」作「枰」，是也），活似（吳本「似」作「如」）車輪；偏沉則隨，雙重則滯。每見數年純功，不能運化者，率皆自為人制，雙重之病未悟雖（「雖」吳、陳本皆作「耳」，是也，作「雖」者，必傳寫之誤）。欲避此病（陳本「欲」上有「若」字），須知陰陽，粘即是走，走即是粘（吳、陳本二「粘」字皆作「黏」）；陰不離陽，陽不離陰，陰陽相濟，方為懂勁；懂勁後，愈練愈精，默識揣摩，漸至從心所欲，本是捨己從人，多誤捨近求遠，所（陳本「所」作「斯」）謂差之毫釐，謬之（吳、陳本「之」作「以」）千里，學者不可不詳辨焉。是為論矣（吳、陳本無此四字。考郝本有「是為論」，無「矣」字。按，正文至此已畢，下兩段為後人附記）。

此論句句切要在心（陳本無「在心」二字），並無一字陪襯（陳本「陪襯」上有「敷衍」二字）。非有夙慧，不能悟也，先師不肯妄傳，非獨擇人，亦恐枉費工夫耳。（按，自此論至枉費工夫一段，陳本有，吳本無，此明明為後人之附記。而龔、陳兩本，皆與正文相連直書，則與正文

不將混淆乎）右（吳本「右」作「此」；陳本作「以上」二字）係武當山張三豐先師（吳本作「老師」；陳本作「祖師」）遺論（陳本作「遺著」）。欲天下豪傑，延年益壽，不徒作技藝之末也。（此亦論後之附記，吳、陳本俱有，唯吳、陳本則以此段移於《十三勢》一篇之末，為子注，與此本不同者在此。然，按之文義，宜列此論之後，足見吳、陳二本之謬，尤甚於此本。）長拳者，如長江大海，滔滔不絕（吳、陳「絕」下有「也」字）。十三勢者，掤、攌、擠、按、採、挒、肘、靠，此八卦也。進步，退步，左顧，右盼（陳本作「右顧右盼」），中定，此五行也。合而言之曰十三勢者（吳、陳本無此九字；郝本有「合而言之曰十三勢」八字。「者」字衍）。

掤攌擠按，即坎離震兌（陳本同此；吳本作「乾坤坎離」；郝本亦與此本同，與吳本異），四方也（吳、陳本「方」上有「正」字，是也，此本傳寫者脫去）。採挒肘靠，即乾坤艮巽（吳本作「巽震兌艮」），四斜角也。進退顧盼定，即水火木金土（吳、陳本作「金木水火土也」）。

十三勢歌

十三總勢莫輕視（吳本「總勢」作「勢勢」），命意源頭在腰隙（吳本「腰」作「要」），變轉虛實須留意，氣遍身軀不少癡（吳、陳本「癡」作「滯」）。靜中觸動動猶靜，因敵變化視神奇（吳、陳本「視」作「示」），勢勢存心揆其意（吳本作「勢勢存心揆用意」；陳本作「勢揆心須用意」），得來不覺費工夫。刻刻留心在腰間，腹內鬆靜氣騰然。尾閭中正神貫頂，滿身輕利頂頭懸。仔細留心向推求，屈伸開合聽自由。

入門引路須口授，工夫無息法自休（吳本「工夫」作「功夫」，「休」作「修」）。若言體用何為準，意氣君來骨肉臣。想推用意終何在，益壽益年不老春。歌兮歌兮百四十（陳本作「一百三十字」），字字

真切意無遺（吳、陳本「意」作「義」）。若不向此推求去，枉費工夫貽嘆惜（吳本「工夫」作「功夫」；陳本「嘆惜」作「歎息」）。

十三勢行功心解

以心行氣，務令沉著，乃能收斂入骨。以氣運身，務令順遂，乃能便利從心。精神能提得起，則無遲重之虞，所謂頂頭懸也。意氣須換得靈，乃有圓活之趣（陳本「趣」作「妙」），所謂變轉虛實（吳本「變轉」作「變動」；又吳本、陳本「實」下皆有「也」字）。發勁須沉著鬆淨，專主一方；立身須中正安舒，支撐八面（陳本作「撐支八面」）。行氣如九曲珠，無微不利（楊本、吳本作「無往不利」；郝本、陳本作「無微不到」。今按，作「無微不到」是也），氣遍身軀之謂（楊本、吳本以「氣遍身軀之謂」六字為「無微不利之注」，陳本則無此六字）。

運勁如百煉鋼，何堅不摧，形如搏兔之鵠（「鵠」字楊、郝、吳本皆同，唯陳本、廉本作「鶻」。按文義，作「鶻」者是也，作「鵠」者筆誤，傳抄者不明其義，故多相承未改也），神如捕鼠之貓；靜如山岳，動似江河（吳、陳本「似」作「若」）；蓄勁如開弓（陳本「開」作「張」），發勁如放箭，曲中求直，蓄而後發；力由肩發（楊、吳、陳各本「肩」作「脊」是也，此本作「肩發」，傳抄之誤），步隨身換；收即是放（陳本此下有「放即是收」四字），斷而復連（按，此句郝本作「連而不斷」，與本拳譜中「長拳者如長江大海滔滔不絕」，及「無使有斷續處」，語義相合；若云「斷而復連」，則是有斷有續，與太極拳之原理不合矣。楊、吳、陳各本皆作「斷而復連」，皆傳寫之誤）；往復須有折疊，進退須有轉換（吳本「有」作「由」，誤）。

極柔軟，然後堅硬（陳本作「然後極堅剛」；吳本亦有「極」字，唯「硬」字不作「剛」）；能呼吸，然後能靈活。氣以直養而無害，勁以曲蓄而有餘。心為令，氣為旗，腰為纛。先求開展，後求緊湊，乃可臻於縝密矣。

又曰：先在心，後在身，腹鬆，氣斂入骨，神舒體靜，刻刻在心。切記，一動無有不動，一靜無有不靜，牽動往來氣貼背，斂入脊骨。內固精神，外示安逸。邁步如貓行，運勁如抽絲。全身意在精神，不在氣，在氣則滯，有氣者無力，無氣者純剛，氣若（陳本「若」作「如」）車輪，腰如（陳本「如」作「似」）車軸之謂也（「之謂也」三字唯龔本有，各本俱無）。

打手歌

掤擺擠按須認真，上下相隨人難進，任他巨力來打咱（吳、陳本俱作「我」），「咱」，俗語；龔本非也），牽動四兩撥千斤，引進落空合即出，粘（吳本「粘」作「黏」）連粘隨不丟頂。

十三勢名目

（震按，吳本題為「太極拳姿勢之名稱及其次序」，陳本作「太極拳式」，皆以意改定者，必非楊本之舊題也）。

攬雀尾，單鞭，提手上勢，白鶴晾翅，摟膝扭步，手揮琵琶勢，進步搬攔捶，如風似壁，抱虎歸山，攬雀尾，肘底看捶，倒輦猴，斜飛勢，提手上勢，白鶴晾翅，摟膝扭步，海底針，扇通背，撇身捶，卸步搬攔捶，上勢攬雀尾，單鞭，雲手，高探馬，左右分脚，轉身蹬脚，進步栽捶，翻身撇身捶，翻身二起脚，披身踢脚，轉身踢脚，上步搬攔捶，如風似壁，抱虎歸山，斜單鞭，野馬分鬃，玉女穿梭，單鞭，雲手，下勢，金雞獨立，倒輦猴，斜飛勢，提手上勢，白鶴晾翅，摟膝扭步，海底針，扇通背，上勢攬雀尾，單鞭，雲手，高探馬，十字擺連，摟膝指襠，上勢攬雀尾，單鞭，下勢，上步七星，退步跨虎，轉步擺連，彎弓射虎，上步攬雀尾，合太極。

（按上列名目，似以龔本為近于楊氏舊譜，吳、陳各本，名勢彌詳，出於後來所竄益者愈多，故悉不錄。）

又曰：彼不動，己不動；彼微動，己先動。似鬆非鬆（楊、吳本於「似」字上有「勁」字），將展未展，勁斷意不斷。（此一節，吳、陳兩本列于《打手歌》之後；龔本列於《十三勢架》之後；郝本以為《行工心解》之第三篇。按溫縣陳氏各書，打手歌後，無此數語，郝本又不與太極架相連，然則龔本列此，傳抄之偽無疑也。）

李亦畬手寫本《武氏太極拳譜》

此本永年縣郝月如先生所藏，為李亦畬手書以贈郝公為真者，題曰《武氏太極拳譜》，從其朔也。李氏自書所著七篇，亦附於譜後，今並錄之，以備參考。至於文字，悉仍其舊，明知偽誤，不加校改，冀存其真耳。以此本藏於郝氏，故亦稱郝本。

山右王宗岳太極拳論

太極者，無極而生，陰陽之母也。動之則分，靜之則合，無過不及，隨曲就伸。人剛我柔謂之走，我順人背謂之粘；動急則急應，動緩則緩隨，雖變化萬端，而理唯一貫。由著熟而漸悟懂勁，由懂勁而階及神明，然非用力之久，不能豁然貫通焉。虛領頂勁，氣沉丹田；不偏不倚，忽隱忽現；左重則左虛，右重則右杳；仰之則彌高，俯之則彌深；進之則愈長，退之則愈促；一羽不能加，蠅蟲不能落；人不知我，我獨知人，英雄所向無敵，蓋皆由此而及也。斯技旁門甚多，雖勢有區別，概不外壯欺弱，慢讓快耳。有力打無力，手慢讓手快，是皆先天自然之能，非關學力而有也，察四兩撥千斤之句，顯非力勝；觀耄耋禦眾之形，快何能為。立如秤準，活似車輪；偏沉則隨，雙重則滯，每見數年純功，不能運化者，

率皆自為人制，雙重之病未悟耳。欲避此病，須知陰陽，粘即是走，走即是粘；陽不離陰，陰不離陽；陰陽相濟，方為懂勁；懂勁後，愈練愈精，默識揣摩，漸至從心所欲。本是捨己從人，多誤捨近求遠，所謂差之毫釐，謬之千里，學者不可不詳辨焉。是為論。

十三勢架

懶扎衣，單鞭，提手上勢，白鵝亮翅，摟膝拗步，手揮琵琶勢，摟膝拗步，手揮琵琶勢，上步搬攬捶，如封似閉，抱虎推山，單鞭，肘底看捶，倒輦猴，白鵝亮翅，摟膝拗步，三甬背，單鞭，紜手，高探馬，左右起腳，轉身踢一腳，踐步打捶，翻身二起，披身踢一腳，蹬一腳，上步搬攬捶，如封似閉，抱虎推山，斜單鞭，野馬分鬃，單鞭，玉女穿梭，單鞭，紜手，下勢，更雞獨立，倒輦猴，白鵝亮翅，摟膝拗步，三甬背，單鞭，紜手，高探馬，十字擺連，上步指福捶，單鞭，上步七星，下步跨虎，轉腳擺連，彎弓射虎，雙抱捶，手揮琵琶勢。

身法

涵胸，拔背，裹襠，護肫，提頂，吊襠，騰挪，閃戰。

刀法

裏剪腕，外剪腕，挫腕，撩腕。

槍法

平刺心窩，斜刺膀尖，下刺腳面，上刺鎖項。

十三勢（一名長拳）

長拳者，如長江大海，滔滔不絕也。十三勢者：掤、握、擠、按、

採、挒、肘、靠、進、退、顧、盼、定也。掤攦擠按，即坎離震兌，四正方也。採挒肘靠，即乾坤艮巽，四斜角也。此八卦也。進步、退步、左顧、右盼、中定，即金木水火土也，此五行也。合而言之曰十三勢。

十三勢行功歌訣

十三總勢莫輕識，命意源頭在腰隙，變轉虛實須留意，氣遍身軀不稍癡。靜中觸動動猶靜，因敵變化是神奇，勢勢存心揆用意，得來不覺費工夫。刻刻留心在腰間，腹內鬆靜氣騰然，尾閭中正神貫頂，滿身輕利頂頭懸。仔細留心向推求，屈伸開合聽自由，入門引路須口授，工用無息法自休。若言體用何為準，意氣君來骨肉臣，詳推用意終何在，益壽延年不老春。歌兮歌兮百四十，字字真切義無疑，若不向此推求去，枉費工夫遺嘆惜。

打手要言

解曰：以心行氣，務沉著，乃能收斂入骨（所謂命意源頭在腰隙也）。意氣須換得靈，乃有圓活之趣（所謂變轉虛實須留意也）。立身中正安舒，支撐八面，行氣如九曲珠，無微不到（所謂氣偏身軀不稍癡也）。發勁須沉著鬆靜，專主一方（所謂靜中觸動動猶靜也）。往復須有折疊，進退須有轉換（所謂因敵變化是神奇也）。曲中求直，蓄而後發（所謂勢勢存心揆用意，刻刻留心在腰間也）。精神提得起，則無遲重之虞（所謂腹內松靜氣騰然也）。虛靈頂勁，氣沉丹田，不偏不倚（所謂尾閭中正神貫頂，滿身輕利頂頭懸也）。以氣運身，務順遂，乃能便利從心（所謂屈伸開合聽自由也）。

心為令，氣為旗，神為主帥，身為驅使（所謂意氣君來骨肉臣也）。

解曰：身雖動，心貴靜，氣須斂，神宜舒，心為令，氣為旗，神為主帥，身為驅使，刻刻留意，方有所得。先在心，後在身，在身則不知手之舞之，足之蹈之，所謂捨己從人，引進落空，四兩撥千斤也。須知一動無有不動，一靜無有不靜；視動猶靜，視靜猶動；內固精神，外示安逸；須要從人，不要由己；從人則活，由己則滯。尚氣者無力，養氣者純剛。彼不動，己不動；彼微動，己先動。以己依人，務要知己，乃能隨轉隨接；以己粘人，必須知人，乃能不後不先。

精神能提得起，則無雙重之虞；粘依能跟得靈，方見落空之妙。往復須分陰陽，進退須有轉合；機由己發，力從人借。發勁須上下相隨，乃一往無敵；立身須中正不偏，能八面支撐。靜如山岳，動若江河；邁步如臨淵，運勁如抽絲；蓄勁如張弓，發勁如放箭；行氣如九曲珠，無微不到；運勁如百煉鋼，何堅不摧；形如搏兔之鵠，神如捕鼠之貓。曲中求直，蓄而後發；收即是放，連而不斷。

極柔軟，然後能極堅剛；能粘依，然後能靈活。氣以直養而無害，勁以曲蓄而有餘。漸至物來順應，是亦知止能得矣。

又曰：

先在心，後在身，腹鬆，氣斂入骨，神舒體靜，刻刻在心。切記，一動無有不動，一靜無有不靜；視靜猶動，視動猶靜；動牽往來氣貼背，斂入脊骨，要靜。內固精神，外示安逸。邁步如貓行，運勁如抽絲。全身意在蓄神，不在氣，在氣則滯；有氣者無力，無氣者純剛；氣如車輪，腰如車軸。

又曰：

彼不動，己不動；彼微動，己先動。似鬆非鬆，將展未展，勁斷意不

斷。

又曰：

每一動，唯手先著力，隨即鬆開，猶須貫串，不外起承轉合。始而意動，既而勁動，轉接要一線串成。氣宜鼓蕩，神宜內斂，無使有缺陷處，無使有凹凸處，無使有斷續處。其根在腳，發於腿，主宰於腰，形於手指，由腳而腿而腰，總須完整一氣，向前退後，乃得機得勢，有不得機得勢處，身便散亂，必至偏倚，其病必於腰腿求之，上下前後左右皆然，凡此皆是意，不是外面。有上即有下，有前即有後，有左即有右；如意要向上，即寓下意，若將物掀起，而加以挫之之力，斯其根自斷，乃壞之速而無疑。虛實宜分清楚，一處自有一處之虛實，處處總此一虛實。周身節節貫串，勿令絲毫間斷。

禹襄武氏並識

打手歌

掤擺擠按須認真，上下相隨人難進；任他巨力來打我，牽動四兩撥千斤；引進落空合即出，黏連粘隨不丟頂。

打手撒放

掤（上平），業（入聲），噫（上聲），咳（入聲），呼（上聲），吭，呵，哈。

震按，此譜俗字別字極多，今亦不為一一辨正，以識者自能知之。唯粘連黏隨不丟頂，粘即黏字。郝月如先生讀作「沾連粘隨」，考陳子明本作「沾連粘隨就屈伸」，字正作「沾」，則知李亦畬以「粘」為「沾」，乃筆誤耳。

李亦畬遺著八篇

太極拳小序

太極拳不知始自何人，其精微巧妙，王宗岳論詳且盡矣。後傳至河南陳家溝陳姓，神而明者，代不數人。我郡南關楊某，愛而往學焉。專心致志，十有餘年，備極精巧。旋里後，市諸同好。母舅武禹襄見而好之，常與比較，伊不肯輕以授人，僅能得其大概。素聞豫省懷慶趙堡鎮有陳姓名清平者，精於是技。逾年，母舅因公赴豫省，過而訪焉，研究月餘，而精妙始得，神乎技矣。予自咸豐癸丑，年二十餘，始從母舅學習此技，口授指示，不遺餘力，奈予質最魯，廿餘年來，僅得皮毛。竊意其中，更有精巧，茲僅以所得筆之於後，名曰「五字訣」，以識不忘所學云。

光緒辛巳中秋念六日，亦畬氏謹識。

五字訣

一曰心靜

心不靜，則不專，一舉手，前後左右，全無定向，故要心靜。起初舉動未能由己。要悉心體認，隨人所動，隨屈就伸，不丟不頂，勿自伸縮。彼有力，我亦有力，我力在先。彼無力，我亦無力，我意仍在先。要刻刻留心，挨何處，心要用在何處，須向不丟不頂中討消息。從此做去，一年半載，便能施於身。此全是用意，不是用勁，久之，則人為我制，我不為人制矣。

二曰身靈

身滯則進退不能自如，故要身靈。舉手不可有呆像，彼之力方礙我皮

毛，我之意已入彼骨裏。兩手支撐，一氣貫串；左重則左虛，而右已去；右重則右虛，而左已去。氣如車輪，周身俱要相隨，有不相隨處，身便散亂，便不得力，其病於腰腿求之。先以心使身，從人不從己，後身能從心，由己仍是從人。由己則滯，從人則活，能從人，手上便有分寸，秤彼勁之大小，分厘不錯；權彼來之長短，毫髮無差，前進後退，處處恰合，工彌久而技彌精矣。

三曰氣斂

氣勢散漫，便無含蓄，身易散亂，務使氣斂入脊骨，呼吸通靈，周身罔間。吸為合為蓄，呼為開為發；蓋吸則自然提得起，亦拿得人起；呼則自然沉得下，亦放得人出，此是以意運氣，非以力使氣也。

四曰勁整

一身之勁，練成一家，分清虛實，發勁要有根源。勁起於腳跟，主於腰間，形於手指，發於脊背。又要提起全副精神，於彼勁將出未發之際，我勁已接入彼勁，恰好不後不先，如皮燃火，如泉湧出，前進後退，絲毫不亂，曲中求直，蓄而後發，方能隨手奏效，此謂借力打人，四兩撥千斤也。

五曰神聚

上四者俱備，總歸神聚，神聚則一氣鼓鑄，鍊氣歸神，氣勢騰挪，精神貫注；開合有致，虛實清楚；左虛則右實，右虛則左實，虛非全然無力；氣勢要有騰挪，實非全然占煞；精神要貴貫注，緊要全在胸中腰間運化，不在外面。力從人借，氣由脊發，胡能氣由脊發，氣向下沉，由兩肩收於脊骨，注於腰間，此氣之由上而下也，謂之合。由腰形於脊骨，布於兩膊，施於手指，此氣之由下而上也，謂之開。合便是收，開即是放，懂得開合，便知陰陽。到此地位，工用一日，技精一日，漸至從心所欲，罔不如意矣。

撒放秘訣

擎，引，鬆，放。

擎起彼身借彼力（中有「靈」字），引到身前勁始蓄（中有「斂」字），鬆開我勁勿使屈（中有「靜」字），放時腰腳認端的（中有「整」字）。

走架打手行功要言

昔人云：「能引進落空，能四兩撥千斤；不能引進落空，不能四兩撥千斤。」語甚賅括，初學未由領悟，予加數語以解之，俾有志斯技者，得所從入，庶日進有功矣。

欲要引進落空，四兩撥千斤，先要知己知彼；欲要知己知彼，先要捨己從人；欲要捨己從人，先要得機得勢；欲要得機得勢，先要周身一家；欲要周身一家，先要周身無缺陷；欲要周身無缺陷，先要神氣鼓蕩；欲要神氣鼓蕩，先要提起精神，神不外散；欲要神不外散，先要神氣收斂入骨；欲要神氣收斂入骨，先要兩股前節有力，兩肩鬆開，氣向下沉，勁起於腳跟，變換在腿，含蓄在胸，運動在兩肩，主宰在腰，上於兩膊相繫，下於兩腿相隨，勁由內換，收便是合，放即是開；靜則俱靜，靜是合，合中寓開；動則俱動，動是開，開中寓合，觸之則旋轉自如，無不得力，才能引進落空，四兩撥千斤。

平日走架，是知己工夫，一動勢先問自己，周身合上數項不合，少有不合，即速改換，走架所以要慢不要快。打手是知人工夫，動靜固是知人，仍是問己，自己安排得好，人一挨我，我不動彼絲毫，趁勢而入，接

定彼勁，彼自跌出。如自己有不得力處，便是雙重未化，要於陰陽開合中求之，所謂知己知彼，百戰百勝也。

李亦畬太極拳譜跋

此譜得於舞陽縣鹽店，兼積諸家講論，並參鄙見，有者甚屬寥寥。間有一二有者，亦非全本，自宜重而珍之，切勿輕以予人。非私也，知音者少；可予者，其人更不多也，慎之慎之。

光緒辛巳中秋廿三日，亦畬氏書。

摘錄 廉讓堂本太極拳譜

太極拳釋名（第一章）

太極拳一名長拳，又名十三勢。長拳者，如長江大海，滔滔不絕也。十三勢者，分掤、攦、擠、按、採、挒、肘、靠、進、退、顧、盼、定也。掤攦擠按，即坎離震兌，四正方也；採挒肘靠，即乾坤艮巽，四斜角也，此八卦也。進步、退步、左顧、右盼、中定，即金木水火土也，此五行也。合而言之曰十三勢。是技也，一著一勢，均不外乎陰陽，故又名太極拳。

十三勢架

藍鵲尾，單鞭，提手上勢，白鵝亮翅，摟膝拗步，手揮琵琶勢，摟膝拗步，手揮琵琶勢，搬攬捶，如封似閉，抱虎推山，單鞭，肘底看捶，倒輦猴，白鵝亮翅，摟膝拗步，三甬背。單鞭，紜手，高探馬，左右起腳，轉身，踢一腳，踐步打捶，翻身二起，披身，踢一腳，蹬一腳，上步搬攬捶，如封似閉，抱虎推山，斜單鞭，野馬分鬃，單鞭，玉女穿梭，單鞭，紜手下勢，更雞獨立，倒輦猴，白鵝亮翅，摟膝拗步，三甬背，單鞭，紜手，高探馬，十字擺連，上步指襠捶，上勢藍鵲尾，單鞭，下勢，上步七星，下步跨虎，轉腳擺連，彎弓射虎，雙抱捶。

十三刀（第二章）

按刀，青龍出水，風捲殘花，白雲蓋頂，背刀，迎墳鬼迷，振腳提刀，撥雲望日，避刀，霸王舉鼎，朝天一炷香，拖刀敗勢，手揮琵琶勢。

十三杆（第四章第四節）

掤一杆，青龍出水，童子拜觀音，餓虎撲食，攔路虎，拗步，斜劈，風掃梅，中軍出隊，宿鳥入巢，拖杆敗勢，靈貓捕鼠，手揮琵琶勢。

各勢白話歌（第四章第一節）

提頂吊襠心中懸，鬆肩沉肘氣丹田，裹襠護肫須下勢，涵胸拔背落自然，初勢左右懶扎衣，雙手推出拉單鞭，提手上勢望空看，白鵝亮翅飛上天，摟膝拗步往前打，手揮琵琶躲旁邊，摟膝拗步重下勢，手揮琵琶又一番，上步先打迎面掌，搬攬捶兒打胸前，如封似閉往前按，抽身抱虎去推山，回身拉成單鞭勢，肘底看捶打腰間，倒輦猴兒重四勢，白鵝亮翅到雲端，摟膝拗步須下勢，收身琵琶在胸前，按勢翻身三甬背，扭頸回頭拉單

鞭，紜手三下高探馬，左右起腳誰敢攔，轉身一腳栽捶打，翻身二起踢破天，按身退步伏虎勢，踢腳轉身緊相連，蹬腳上步搬攬打，如封似閉手向前，抱虎推山重下勢，回頭再拉斜單鞭，野馬分紜往前進，懶扎衣服果新鮮，回身又把單鞭拉，玉女穿梭四角全，更拉單鞭真巧妙，紜手下勢探清泉，更雞獨立分左右，倒輦猴兒又一番，白鵝亮翅把身長，摟膝前手在下邊，按勢青龍重出水，轉身復又拉單鞭，紜手高探對心掌，十字擺連往後翻，指襠捶兒往下打，懶扎衣服緊相連，再拉單鞭重下勢，上步就排七星拳，收身退步拉跨虎，轉腳去打雙擺連，海底撈月須下勢，彎弓射虎項朝天，懷抱雙捶誰敢進，走遍天下無人攔，歌兮歌兮六十句，不遇知己莫輕傳。

四字秘訣（第五章第三篇）

敷（敷者，運氣於己，敷布彼勁之上，使不得動也）。蓋（蓋者，以氣蓋彼來處也）。對（對者，以氣對彼來處，認定準頭而去也）。吞（吞者，以氣全呑而入於化也）。此四字無形無聲，非懂勁後，練到極精地位者，不能知。全是以氣言，能直養而無害，始能施於四體，四體不言而喻矣。

馬同文本十三勢架

懶扎衣，單鞭，提手上勢，白鶴亮翅，摟膝腰步，手回琵琶勢，上步搬攬捶，如封似背，抱虎推山，單鞭，肘底看捶，倒輦猴，白鶴亮翅，摟膝拗步，手回琵琶勢，按勢青龍出水，三通背，單鞭，抎手，高探馬，左右起腳，轉身蹬一腳，踐步打捶，翻身二起，披身，踢一腳，蹭一腳，上步搬攬捶，如封似背，抱虎推山，斜單鞭，野馬分鬃，單鞭，玉女穿梭，單鞭，抎手，下勢，更雞獨立，倒輦猴，白鵝亮翅，摟膝拗步，三通背，

單鞭，抎手，高探馬，十字腳，上步指襠捶，上步七星，下步跨虎，轉腳擺連，彎弓射虎，雙抱捶。

佚名氏《陰符槍譜》

蓋自易有太極，始生兩儀，而陰陽之義以名。然，道所宜一，理百體而安萬化者，則不存乎陽而存乎陰。孔子曰：「尺蠖之屈，以求伸也（依唐豪改，原文「伸」下尚有一「之」字），龍蛇之蟄，以存身也」，古今來言道之家本乎此（依唐豪改，原文「道」字下無「之」字），即古今來談兵之家，亦有未能出乎此者也（震按，「有未」二字似誤倒）。每慨世之所謂善槊者，類言勢而不言理，夫言勢而不言理（依唐豪改，原文言勢之「言」訛作「辛」），是徒知有力，而不知有巧也，非精於技者矣。

山右王先生，自少時經史而外，黃帝老子之書，及兵家言，無書不讀，而兼通擊刺之術（依唐豪改，原文「擊」訛「繫」），槍法其尤精者也。蓋先生深觀於盈虛消息之機，熟悉於止齊步伐之節（依唐豪改，原文「伐」訛作「法」），簡練揣摩，自成一家，名曰：陰符槍。噫，非先生之深於陰符，而能如是乎。

辛亥歲，先生在洛，即以示之予，予但觀其大略，而未得深悉其蘊，每以為憾。予應鄉試居汴，而先生適館於汴，退食之餘，復出其稿示予（依唐豪改，原文「稿」訛「館」），乃悉心觀之。先生之槍（依唐豪改，原文「之」下衍一「館」字）其潛也；若藏於九泉之下，其發也；若動於九天之上，上下無窮（唐豪改為「變化無窮」，云原文此句作「下無窮」。震按，此句當為「上下無窮」。因此句之首與上句之末字複，致脫去一字，非「變化無窮」也。唐豪誤改）。

剛柔相易，而其總歸於陰之一字，此誠所謂陰符槍者也。夫理無大小，道有淺深，隨人所用，皆可會於一源，陰符經言道之書，廣大悉備，

而先生取其一端，用之一槍。然則觀之於槍，亦可知先生之於道矣（依唐豪改，「之」原作「知」）。昔楊氏之槍，自云二十年梨花槍，天下無敵手。夫以婦人而明槍法，不過知其勢，未必能達其理意也，而猶能著一時而傳後世若此。況先生深通三教之書，準今析古，精練而成，而謂不足傳於天下後世乎？

先生常謂予曰（震按，「常」似當作「嘗」）：予本不欲譜，但悉心於此中數十年（依唐豪改，原文「於」字在「但」字下），而始少有所得，不以公之天下，亦烏之於功若知其是哉（唐豪云：此兩句當有訛。震按，此兩句似當為「亦烏知於功若是其難哉」）。於是，將槍法集成為訣，而明其進退變化之法，囑序於予，因志其大略，而為之序云（唐豪云：原文「云」下尚有一「戟」字）。乾隆歲次乙卯（震按，觀此句則「云」下之誤字，當為乾字之衍文而又誤書者）。

太極拳考信錄下卷《文徵》竟。

後序

徐震曰：予撰《太極拳考信錄》竟，復得二事。

一曰，陳溝之《拳經總歌》，與王宗岳《太極拳譜·打手歌》，精粗互異。

二曰，陳氏拳械彙編中，述四槍對扎法，及八槍對扎法，所稱大門小門，不見於其他器械歌訣。

合二事以觀之，又可見陳溝太極拳得諸王宗岳。按《文徵》中《拳經總歌》，其文散漫多浮辭；王氏譜中《打手歌》，其文簡要不詞費；《拳經總歌》所言，雜以顯見於外之粗法，《打手歌》全用精微之察勁。至王宗岳太極拳論之淵妙，復為陳氏舊譜所未有，可見陳氏雖有得於王宗岳，猶未若王氏之精醇也。以王氏論拳之精絕，足徵其功力之深至，宜乎能折

服陳氏也。

觀《拳經總歌》首句「縱放屈伸人莫知」，與王氏太極拳論中「隨曲就伸，人不知我，我獨知人」，語意相合，此又王氏緒論，流傳陳溝之確證也。按，四槍法予曾受諸郝月如先生，其步法與太極活步推手全同。

又觀陳氏拳械彙編中四槍對扎，八槍對扎，所稱從大門扎，從小門扎，皆用《陰符槍譜》語。陰符槍為王宗岳之作，既已證明，是則陳氏非僅得王宗岳之拳法，亦並聞其槍法也。

（《陰符槍譜》上平勢七則中有云：彼槍扎高我門大，我搭槍如蛇纏物。連足趕上二轉，將彼槍扶在中，盡正力使下，即用單手扎出，小門同。彼從大門，不論上中下三門扎我，即乘扎之時，開右步，隨右步躲開彼槍，用單手盡力中平扎彼大門，是為青龍獻爪。又中平勢十三則第一則云：立身要正，平槍在臍上，彼中平扎我大門，我用圈法圈開彼槍單手扎出。又下平勢十一則第一則云：彼中平梨花滾袖槍扎我，我用陰陽手一仰一合輕敲彼槍，連足退後要扎他，他轉槍之時，我撒前手單手扎出。第二則云：彼低粘我，不論大小門，我與〔唐豪注云：疑是「於」字之誤〕他落槍之時，進前步，起身扎他咽喉，此下平勢俱可用之。又川袖挑手穿脂搭外搭裏十七則第十三則云：凡扎槍不必著數太多，博而不精，終屬無益，只在要緊處操演精熟，變化無窮而已，所謂兵不在多而在精者也。第十四則云：凡與人扎槍，我發槍扎彼，彼從大門拿開，我槍洛〔唐豪云：當是「落」字〕左，不必著急，看其高來，我倒後步，盡力一抽，洛〔唐豪云：當是「落」字〕抱刀勢，反身單手扎出；看其低來，我倒後步做群攔勢，逼住他槍）。

難曰：謂《拳經總歌》未若《打手歌》之精，信矣。然，陳氏拳械彙編中亦有《打手歌》，安知陳氏非先有粗率之拳經總歌，後有簡賅之打手歌，王宗岳獨取其簡賅者乎？王宗岳之陰符槍，又安知非由陳氏四槍對扎、八槍對扎所化出者乎？觀陳氏八槍名稱，有橫掃眉、面纏背崩等名

目，與十三槍名稱同，而陰符槍之青龍獻爪、群攔勢，亦見於陳氏二十四槍中，夫寧非王得諸陳之證耶？王氏槍法，既得諸陳氏，則其拳法受之陳氏可知矣。應之曰：是不然。

《拳經總歌》與《打手歌》，非獨理有精粗，其辭氣亦異焉。試以《拳經總歌》與陳溝其他拳架歌訣比觀，辭氣意味皆相類，《打手歌》之辭氣意味獨不相類，足明《打手歌》非陳氏所本有也，即此一端，已足定王陳之授受，況餘證尚多乎？至於槍法，則二十四槍原為楊家梨花槍，述於《紀效新書》，《陰符槍譜》後有詩四首，其第二首有句云：「心須忘手手忘槍」（震按，譜兩「忘」字皆作「望」，此誤字也，說見下）。

第四首有句云：「靜處為陰動則符」。《紀效新書・長槍總說》有云：心能忘手，手能忘槍，圓神而不滯，又莫貴於靜也。此為詩語所本，則王氏槍法亦出於梨花槍，故有青龍獻爪、群攔勢之名稱，是不能為王取諸陳之證，誠以楊家梨花槍，聲名甚盛，非只陳溝傳習此法也。

觀陳溝器械歌訣，除四槍八槍對扎兩種外，餘如雙刀名稱暨歌訣、二十四槍歌訣、盤羅棒訣語、大戰朴鐮歌訣、春秋刀訣語，無一用大門者，而獨見於四槍八槍之對扎。又觀陰符槍中，直無一處襲陳溝器械歌訣中語，此為王學於陳乎，抑陳學於王乎？有識者自能辨之也。

至於十三槍之架勢，必陳氏本王宗岳之意理而造成。王宗岳，授陳家槍拳，皆為理法而非架勢，故陳氏造十三槍，仍用其舊有槍式之名也。其述四槍八槍與《陰符槍譜》猶不盡同者，《陰符槍譜》專言實用之理法，四槍八槍所述，尚是肄習時對扎之式也。此義為本論輔論中所未及，故述之為後序云。

附錄

答張君書

士一吾兄講席：尊序筆勢曲折，無一浮辭，至深欽感。又承商榷數事，謹條答如次。

兄於《太極拳不始於陳溝》證篇注云：竊疑清平或以族中無如張炎者，或有之而事實上未能從學，以從張炎為便，信然，則子明之言，不能絕對證其為非。

震按，陳君子明言陳清平雖學於張炎，張炎亦習陳氏太極者。震以為陳氏族中如陳有本之精詣，外來習太極者，豈能過之，如清平已從學於有本，無須更學於張炎；然則張炎之學，殆非太極拳？即為太極，意其來源不出於陳氏，故清平有取耳，以此證陳氏亦習外來拳術，故不取子明之言。尊論第一種理由，弟仍可以此說解答；至第二種理由，則或所難免。

抑或清平初從張炎，後從陳有本，亦未可知。則謂張炎亦習陳氏太極者，誠如兄云，不能絕對證其為非也。唯震此段文字，其用意在證明陳溝非不習外來武藝耳，此下尚有三證，則此證成立與否，無關重要，今為力求謹嚴計，特將此段刪去。

兄於《楊、武兩家拳譜異同》篇注云：竊疑拳架名目韻語，李手寫本中無有，僅見於月師之弟抄本中，或係為真大師所作，亦未可知（震按，月師之弟抄本，即考信錄中所謂逡錄本）。

震按，李氏手寫本，並未將武禹襄及己之著作，盡行錄入，試以李槐蔭所編廉讓堂本比觀，即可證明。且如十三刀、十三杆名目，手寫本中皆無，而月師之弟抄本中有，廉讓堂本中亦有，此其例也。拳架名目韻語，亦見於廉讓堂本中，此必據亦畬之遺墨編錄者，可證其不出於為公。且月師雖言其父為真作，然當時語氣，震覺其亦在猶豫中，非決定語也。

兄於《總挈要義》篇注云：曾聞月師言自稱為其父之弟子者甚多，唯其父認為正式弟子，而得其精要者，絕無。即某某等數人，亦未真能明瞭此拳，而練至如月師自己之樣子。

弟言為真傳人甚多，其子月如及弟子孫祿堂所授尤眾，故今之出於武氏一系者，亦稱郝派，此數語只以說明武氏之傳，後稱郝派，由於從學者多耳，初非謂從學於為公者，盡得真傳也。同從一師，學業固可大有高下，此書主於述拳派分流之跡，而非衡論學業之高下，則此處並無語病。

此篇中兄又注云：《打手歌》似非王宗岳所著，因其太極拳論中有「察四兩撥千斤」之句，顯非力勝，而「四兩撥千斤」之句，見於《打手歌》，則《打手歌》似為王宗岳以前人所作，《十三勢》及《行功歌訣》亦疑王氏以前人所作，月師曾然此說。

鄙意謂太極原譜出於王宗岳所編定耳，除太極拳論外，本不謂其餘文辭，儘是宗岳所作，或有舊日太極拳家之遺文，經宗岳刪潤入編，亦未可知。但今已無法再為考明，故此編之所研求，以能考見王氏所編之譜為

止，書中雖有此意，在文字間尚未提明，輒因兄言而一發之。

此篇中兄又注云：《打手要言》分為兩節，不知依何本，曾將月師之油印本（即李手抄本）中之打手要言，至武禹襄並識各節，照內容審出，其前十節（各有夾註者）係解行功歌訣者，其後「解曰身雖動」至「勿令絲毫間斷」各節，係解打手歌者。此本中《打手要言》之標題，應在「解曰身雖動」之前，而此各節又須在後列打手歌之後，依此，則《打手要言》似非王宗岳所著，而係武禹襄所著，月師然此說。

弟意「打手要言」四字，為王宗岳所編《太極拳譜》中原有之標題，並非謂李寫本《打手要言》之文，皆王氏原譜所有之文。王氏原譜中，止有六句，以「內固精神，外示安逸」為一節，以「彼不動，己不動；彼微動，己先動」為一節，其餘諸文，皆武禹襄所作。但禹襄文中，並此六句亦包括在內，亦畲以有原譜之文在內，故仍用其舊題耳。其實禹襄已曾改為《十三勢行功心解》矣，觀楊氏譜之標題可見也。所以知原文只此六句，且分兩節者，以此六句萇乃周書中亦引及之。萇為乾隆時人，在武禹襄前，必非萇氏引武氏之文，足證此六句為王譜所原有。萇氏引此六句，分在兩處，即武氏雖以此六句，併入己作，然亦分在兩節之中，此王氏原譜分為兩節之證也。本書楊、武兩家拳譜異同，及王宗岳舊譜鈎沉兩篇中，已詳言之矣。

兄所商論各條，並有關考證，此書當收入考信錄中，俾閱者得共見也。

弟徐震拜啟。十二月五日。

導引養生功

全系列為彩色圖解附教學光碟

張廣德養生著作　每冊定價 350 元

定價350元

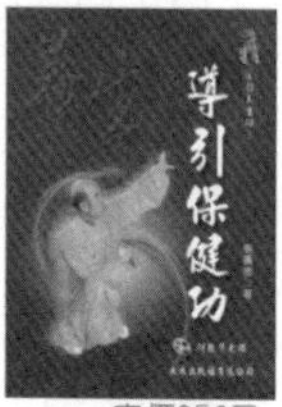

定價350元

定價350元

定價350元

定價350元

定價350元

定價350元

定價350元

定價350元

定價350元

輕鬆學武術

定價250元

定價250元

八式十六式太極拳

定價250元

定價250元

定價250元

定價250元

定價250元

四十八式太極劍

定價250元

定價280元

定價330元

太極跤

定價300元

定價280元

定價350元

彩色圖解太極武術

定價220元

定價220元

定價220元

定價220元

定價350元

定價350元

定價350元

定價350元

定價350元

定價350元

定價350元

定價350元

定價350元

定價220元

定價220元

定價220元

定價350元

定價220元

定價350元

定價350元

定價220元

定價220元

定價220元

養生保健 古今養生保健法 强身健體增加身體免疫力

定價250元 定價250元 定價250元 定價220元 定價220元 定價200元 定價160元

定價180元 定價250元 定價250元 定價250元 定價250元 定價180元 定價420元

定價300元 定價250元 定價180元 定價200元 定價360元 定價360元 定價230元

定價250元 定價230元 定價250元 定價200元 定價250元 定價200元 定價400元

定價280元 定價400元 定價300元 定價300元 定價180元 定價200元 定價200元

定價350元 定價400元 定價200元 定價280元 定價200元 定價180元 定價200元

定價280元

健康加油站

定價200元 定價180元 定價200元 定價200元 定價200元 定價2

定價200元 定價200元 定價200元 定價200元 定價180元 定價1

定價180元 定價180元 定價180元 定價180元 定價180元 定價

定價220元 定價180元 定價180元 定價200元 定價180元 定價

定價180元 定價180元 定價200元 定價200元 定價200元 定價2

定價200元 定價350元 定價280元 定價230元 定價200元 定價18

定價350元 定價180元 定價200元 定價200元 定價180元 定價30

太極武術教學光碟

太極功夫扇
五十二式太極扇
演示：李德印 等
(2VCD)中國

夕陽美太極功夫扇
五十六式太極扇
演示：李德印 等
(2VCD)中國

陳氏太極拳及其技擊法
演示：馬虹(10VCD)中國
陳氏太極拳勁道釋秘
拆拳講勁
演示：馬虹(8DVD)中國
推手技巧及功力訓練
演示：馬虹(4VCD)中國

陳氏太極拳新架一路
演示：陳正雷(1DVD)中國
陳氏太極拳新架二路
演示：陳正雷(1DVD)中國
陳氏太極拳老架一路
演示：陳正雷(1DVD)中國
陳氏太極拳老架二路
演示：陳正雷(1DVD)中國
陳氏太極推手
演示：陳正雷(1DVD)中國
陳氏太極單刀・雙刀
演示：陳正雷(1DVD)中國

楊氏太極拳
演示：楊振鐸
(6VCD)中國

本公司還有其他武術光碟
歡迎來電詢問或至網站查詢

電話：02-28236031
網址：www.dah-jaan.com.tw

原版教學光碟

歡迎至本公司購買書籍

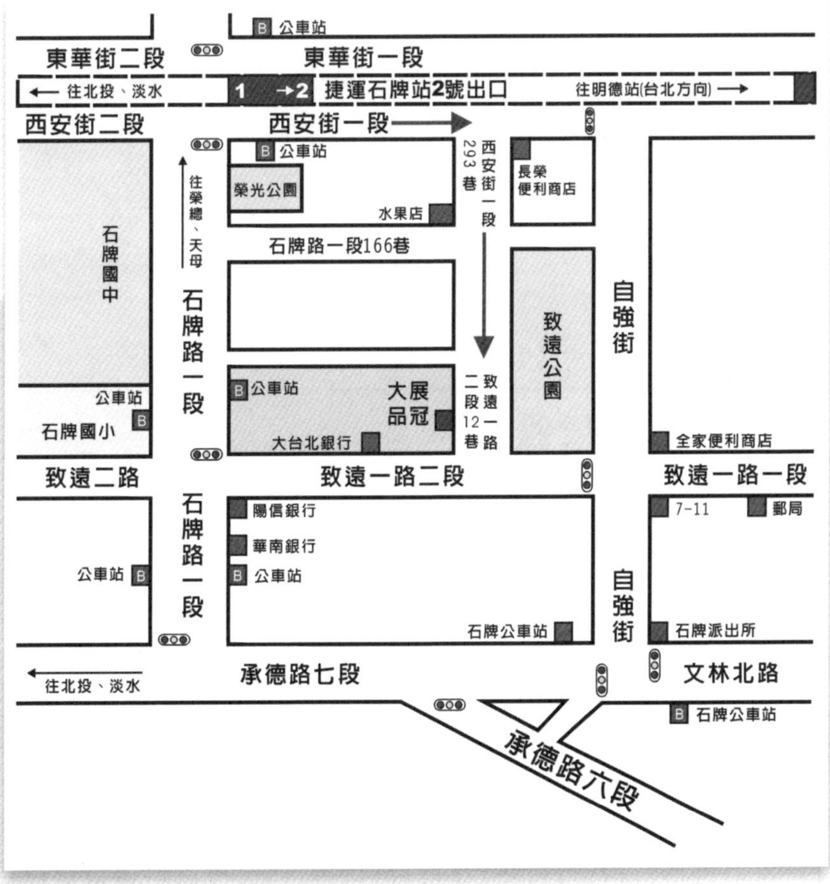

建議路線

1.搭乘捷運・公車

淡水線石牌站下車，由石牌捷運站２號出口出站(出站後靠右邊)，沿著捷運高架往台北方向走(往明德站方向)，其街名為西安街，約走100公尺(勿超過紅綠燈)，由西安街一段293巷進來(巷口有一公車站牌，站名為自強街口)，本公司位於致遠公園對面。搭公車者請於石牌站(石牌派出所)下車，走進自強街，遇致遠路口左轉，右手邊第一條巷子即為本社位置。

2.自行開車或騎車

由承德路接石牌路，看到陽信銀行右轉，此條即為致遠一路二段，在遇到自強街(紅綠燈)前的巷子(致遠公園)左轉，即可看到本公司招牌。

國家圖書館出版品預行編目資料

太極拳考信錄／徐震著
——初版，——臺北市，大展，2012〔民101.09〕
面；21公分，——（徐震文叢；4）
ISBN 978-957-468-900-2（平裝）
1. 太極拳
528.972　　　　　　　　101013434

太極拳考信錄

著　　者／徐　　震
責任編輯／王　躍　平
發 行 人／蔡　森　明
出 版 者／大展出版社有限公司
社　　址／台北市北投區（石牌）致遠一路2段12巷1號
電　　話／(02) 28236031・28236033・28233123
傳　　真／(02) 28272069
郵政劃撥／01669551
網　　址／www.dah-jaan.com.tw
E-mail ／service@dah-jaan.com.tw
登 記 證／局版臺業字第2171號
承 印 者／傳興印刷有限公司
裝　　訂／建鑫裝訂有限公司
排 版 者／千兵企業有限公司
授 權 者／山西科學技術出版社
初版1刷／2012年（民101年）9月

定　價／200元

大展好書 好書大展
品嘗好書 冠群可期

大展好書　好書大展
品嘗好書　冠群可期